Toores sink Parosa kokaraamat

100 maitsvat retsepti parima Itaalia singiga

Ülle Pärn

SISUKORD

SISSEJUHATUS

100 maitsvat retsepti ülima Itaalia singi jaoks

Kirjeldus: Toores sink Parosa kokaraamat on teie ülim juhend selle armastatud Itaalia vinnutatud singiga suussulavate roogade valmistamiseks. See kokaraamat sisaldab 100 lihtsalt järgitavat retsepti, mis tutvustavad Toores sink rikkalikke, soolaseid ja kergelt magusaid maitseid, alates klassikalistest antipastidest kuni soolaste pastade, rammusate suppide ja dekadentlike magustoitudeni.

Olenemata sellest, kas olete Toores sink entusiast või selle maitsva koostisosa uustulnuk, selles kokaraamatus on igaühele midagi. Siit saate teada, kuidas valmistada omatehtud prosciuttot või täiustada oma kokkamismängu loominguliste retseptidega, nagu prosciuttosse pakitud spargel, viigimarja- ja Toores sink pitsa või prosciutto ja kitsejuustuga täidetud kanarind.

Iga retseptiga on kaasas üksikasjalikud juhised, koostisosade loend ja täisvärviline foto, et saaksite täpselt näha, kuidas teie roog peaks välja nägema. Samuti leiate kasulikke näpunäiteid parima prosciutto valimiseks, säilitamiseks ja teiste koostisosadega sidumiseks, et luua täiuslik maitseprofiil.

Miks siis oodata? Haarake Toores sink Perfectioni kokaraamatut ja alustage Itaalia köögi maitsva maailma avastamist juba täna!

HOMMIKUSÖÖK

1. Prosciutto-pakendis Mini Frittata muffinid

KOOSTISOSAD:
- 4 supilusikatäit rasva
- ½ keskmist sibulat, peeneks hakitud
- 3 küüslauguküünt, hakitud
- ½ naela cremini seeni, õhukeselt viilutatud
- ½ naela külmutatud spinatit, sulatatud ja kuivaks pressitud
- 8 suurt muna
- ¼ tassi kookospiima
- 2 spl kookosjahu
- 1 tass kirsstomateid, poolitatud
- 5 untsi Prosciutto di Parma
- Kosher sool
- Värskelt jahvatatud pipar
- Tavaline 12 tassi muffinivorm

JUHISED:
a) Kuumuta ahi temperatuurini 375 ° F.

b) Kuumuta pool kookosõlist keskmisel kuumusel suurel malmpannil ja prae sibulad pehmeks ja läbipaistvaks.

c) Lisa küüslauk ja seened ning küpseta, kuni seeneniiskus on aurustunud. Seejärel maitsesta täidis soola ja pipraga ning tõsta lusikaga taldrikule toatemperatuurile jahtuma

d) Taigna jaoks klopi munad suures kausis koos kookospiima, kookosjahu, soola ja pipraga ühtlaseks seguks. Seejärel lisa praetud seened ja spinat ning sega ühtlaseks.

e) Pintselda ülejäänud sulanud kookosõli muffinivormile ja vooderda iga tass prosciuttoga, jälgides, et kataks põhja ja küljed täielikult.

f) Tõsta muffinid ahju umbes 20 minutiks

2. Kalle mähitud munad

KOOSTISOSAD:

- Kolm supilusikatäit rasket koort
- Neli kõvaks keedetud muna
- ¼ teelusikatäit pipart
- Neli lehtkapsa lehte
- Neli prosciutto viilu
- ¼ teelusikatäit soola
- 1 ½ tassi vett

1. Koori munad ja mässi igaüks lehtkapsaga. Mähi need prosciutto viiludesse ning puista peale jahvatatud musta pipart ja soola.

2. Asetage Instant Pot oma köögis kuivale platvormile. Avage selle ülemine kaas ja lülitage see sisse.

3. Vala potti vesi. Korraldage Instant Pot'iga kaasas olev triibuka või auruti korv. Nüüd aseta/paigutage munad lahtri/korvi peale.

4. Sulgege kaas, et luua lukustatud kamber; veenduge, et kaitseklapp on lukustusasendis.

5. Otsige üles ja vajutage küpsetusfunktsiooni "MANUAL"; taimer 5 minutini vaikerežiimiga "HIGH" rõhurežiim.

6. Laske koostisainete küpsetamiseks survel tõusta.

7. Pärast küpsetusaja lõppemist vajutage sätet "CANCEL". Otsige üles ja vajutage küpsetusfunktsiooni "QPR". See säte on mõeldud siserõhu kiireks vabastamiseks.

8. Avage aeglaselt kaas, võtke serveerimistaldrikutest või serveerimiskaussidest valmistatud retsept välja ja nautige keto retsepti.

3. Suvikõrvits, prosciutto ja parmesan

KOOSTISOSAD:
- 1 väike sibul, peeneks riivitud
- 1 suvikõrvits, riivitud
- 3 tassi tavalist jahu
- 3 tl küpsetuspulbrit
- 1 tl meresoola
- ½ tassi riivitud parmesani
- 4 muna
- 2½ tassi piima
- 200g soolata võid, sulatatud ja jahutatud

Magus tomatikaste
- 1 spl oliiviõli
- 1 väike sibul hakitud
- 1 väike punane tšilli, hakitud
- 2 spl tomatipastat
- 420 g purki tükeldatud tomateid
- 1 spl pruuni suhkrut
- Serveeri prosciutto, tomatikastme ja kirsstomatitega

JUHISED:

a) Kastme valmistamiseks kuumuta keskmisel pannil keskmisel kuumusel õli. Lisa sibul ja tšilli ning küpseta 2–3 minutit või kuni need on pehmenenud. Lisa tomatipasta ja küpseta veel 1 minut.

b) Sega hulka konservtomatid, pruun suhkur ja 1 kl vett. Kuumuta keemiseni, alanda kuumust ja hauta 15 minutit või kuni paksenemiseni; soojas hoida.

c) Vahvlite valmistamiseks pane suurde segamisnõusse sibul, suvikõrvits, jahu, küpsetuspulber, sool ja parmesan; sega hästi.

d) Vahusta suures kannus munad, piim, või ning sega läbi suvikõrvitsa ja jahusegu.

e) Valige vahvlite seadistus CLASSIC ja valige pruunistamise juhtkettal number 6.

f) Eelsoojendage, kuni oranž tuli hakkab vilkuma ja sõnad HEATING kaovad.

g) Kasutades vahvli doseerimistopsi, valage igasse vahvliruutu ½ tassi tainast. Sulgege kaas ja küpseta, kuni taimer on lõppenud ja kostub 3 korda valmis piiks. Korrake ülejäänud taignaga.

h) Serveeri sooje vahvleid, mis on kaetud tomatikastme, prosciutto ja värskete kirsstomatitega.

4. Spinati munahammustused

KOOSTISOSAD:

- Munad - 4
- Parmesani juust, riivitud - 3/4 tassi
- Raske vahukoor - 1/4 tassi
- Tükeldatud spinat - 1/4 tassi
- Prosciutto, tükeldatud - 1/2 untsi
- Jahvatatud must pipar - 1/2 teelusikatäit
- Sool - 1/8 teelusikatäit
- Vesi - 1 ½ tassi

a) Võtke seitsme tassiga munahammustuse vormialus ja täitke tassid ühtlaselt prosciutto ja spinatiga.

b) Murra munad kaussi, lisa ülejäänud koostisosad, välja arvatud vesi, ja vahusta ühtlaseks massiks.

c) Lülitage kiirpott sisse, valage vett ja asetage sellesse triikrauad.

d) Valage munasegu ühtlaselt spinatile ja prosciuttole, 4 supilusikatäit tassi kohta või rohkem, kuni 3/4 on täidetud, ja katke pann alumiiniumfooliumiga.

e) Asetage pann plaadialusele, sulgege kiirpott kaanega suletud asendis, seejärel vajutage nuppu "käsitsi", vajutage "+/-", et seada küpsetusaeg 10 minutiks ja küpseta kõrgel rõhul; kui rõhk potis tõuseb, käivitub toiduvalmistamise taimer. Kui kiirpott sumiseb, vajutage nuppu "hoida soojas", vabastage rõhk loomulikult 10 minutiks, seejärel vabastage kiiresti ja avage kaas.

f) Võtke kandik välja, avage see ja keerake pann taldrikule, et munahammustused välja võtta.

g) Serveeri kohe.

5. Prosciutto ja munad avatud võileib

Valmistab: 4

KOOSTISOSAD:
- 8 viilu Roma tomatit
- 4 viilu paksu koorega leiba
- 4 muna
- 1/2 tassi rukolat
- 4 viilu Prosciutto di Parma
- Ekstra neitsioliiviõli, vastavalt vajadusele
- Jahvatatud pipar ja meresool, maitse järgi

JUHISED:
a) Kuumuta ahi temperatuurini 400 °F.
b) Asetage tomatid väikesele küpsetusplaadile ja röstige, kuni see on pehme, 10 minutit.
c) Vähendage ahju temperatuuri 350 ° F-ni. Asetage leib teisele küpsetusplaadile; pintselda 1 spl õliga ja puista maitse järgi soola ja pipart. Asetage ahju ja röstige kuni kuldpruunini, umbes 5 minutit.
d) Samal ajal kuumuta suurel pannil 2 spl õli ja prae munad päikeselise poolega või vastavalt soovile.
e) Võileiva kokkupanemiseks asetage igale neljale taldrikule viil röstsaia. Tõsta igaühe peale 1/4 rukolast, 2 tomativiilu, praemuna ja üks prosciutto viil. Viimistle maitse järgi jahvatatud pipra ja meresoolaga.

6. Küpsetatud Prosciutto munatopsid

Mark: 12

KOOSTISOSAD:
- 1 spl oliiviõli
- 12 viilu prosciutto
- 12 suurt muna
- 2 tassi beebispinatit
- sool ja pipar

JUHISED:
a) Kuumuta ahi 400 kraadini.

b) Pintselda muffinivormi igasse kambrisse oliiviõli. Asetage igasse kambrisse üks prosciutto viil, vajutades, et küljed ja põhi oleksid täielikult vooderdatud (teil võib tekkida vajadus rebida prosciutto mitmeks tükiks, et tassi kuju hõlpsamini saada).

c) Aseta iga tassi sisse 2-3 beebispinatilehte ja pane peale muna. Puista maitse järgi soola ja pipart.

d) Küpsetage kergelt moosise munakollase puhul 12 minutit või kõvemini tardunud munakollase puhul kuni 15 minutit.

EELROID JA SUMMINGUD

7.   Kammkarbi ja prosciutto hammustused

KOOSTISOSAD:
- ½ tassi õhukeseks viilutatud prosciutto
- 3 supilusikatäit toorjuustu
- 1 nael kammkarpe
- 3 supilusikatäit oliiviõli
- 3 hakitud küüslauguküünt
- 3 spl parmesani juustu
- Sool ja pipar maitse järgi – ettevaatlik, sest prosciutto on soolane

JUHISED:
a) Kandke igale prosciutto viilule väike kate toorjuustu.

b) Järgmisena mässige iga kammkarbi ümber prosciutto viil ja kinnitage see hambaorkuga.

c) Kuumuta pannil oliiviõli.

d) Küpseta küüslauku 2 minutit pannil.

e) Lisa fooliumisse mähitud kammkarbid ja küpseta 2 minutit mõlemalt poolt.

f) Määri peale parmesani juust.

g) Soovi korral lisa maitse järgi soola ja pipart.

h) Suru liigne vedelik paberrätikuga välja.

8. Prosciutto pakitud mozzarella pallid

Valmistab: 4

KOOSTISOSAD:
- 8 mozzarella palli, kirsi suurus
- 4 untsi peekonit, viilutatud
- ¼ tl jahvatatud musta pipart
- ¾ tl kuivatatud rosmariini
- 1 tl võid (⅛ tervislikku rasva)

JUHISED:
a) Puista viilutatud peekonile jahvatatud musta pipart ja kuivatatud rosmariini.
b) Mähi iga mozzarella pall peekoni viiludesse ja kinnita need hambaorkidega.
c) Sulata või.
d) Pintselda mähitud mozzarellapallid võiga.
e) Vooderda ahjuplaat pärgamendiga ja lao sinna mozzarellapallid.
f) Küpseta sööki 10 minutit temperatuuril 365 F.

9. Pakitud ploomid

Mark: 8

KOOSTISOSAD:
- 2 untsi prosciuttot, lõigatud 16 tükiks (2 lahjat)
- 4 ploomi, neljaks lõigatud (1 lahja)
- 1 supilusikatäis murulauku, hakitud (1/4 rohelist)
- Näputäis purustatud punase pipra helbeid (1/4 maitseainet)

JUHISED:
a) Mähi iga ploomiveerand prosciutto viilu sisse, laota need kõik vaagnale, puista peale murulauku ja piprahelbeid ning serveeri.

10. Pastarullikud kreemja tomatikastmega

Valmistab: 8 portsjonit

KOOSTISOSAD:
- 2 pasta; värske 9x12
- 6 untsi Prosciuttos; õhukesed viilud
- 1 nael spinat; ainult lehed, aur
- 4 untsi Ricotta juustu
- 2 untsi Mozzarella juustu
- 4 spl Reggiano parmesani juustu
- soola
- Pipar
- Muskaatpähkel
- Kreemjas tomatikaste
- 35 untsi ploomtomatit; kuivendatud
- 3 supilusikatäit Magusat võid
- 2 keskmist sibulat; peeneks hakitud
- 1 tass kuiva valget veini
- 2 tassi Kana puljong
- 1 tass rasket koort

JUHISED:
a) Aja suur pott soolaga maitsestatud vett keema. Tõsta pasta sisse ja küpseta umbes 2 minutit.

b) Eemaldage linad veest ja loputage käepide hoolikalt maha – seejärel asetage kilelehtedele. Puhastage lehe ülaosa paberrätikuga ja katke pasta prosciuttoga ühe kihina.

c) Määri spinati/juustusegu prosciuttodele ja keera 6-tollise küljega kokku.

d) Kasutage kilet, et aidata teil seda tihedalt rullida, seejärel mähkige rull kilesse ja hoidke külmkapis, kuni olete kasutamiseks valmis.

KASTE:
e) Sulata suurel pannil või ja prae sibulat, kuni see hakkab pruunistuma.

f) Lisage pannile vein, laske segul keema tõusta ja vähendage vedelikku umbes ¼ tassini.

g) Lisa kanapuljong ja aja segu keema.

h) Vähendage seda segu, kuni on umbes ½ tassi. Suruge nõrutatud tomatid läbi sõrmede, et need puruneks, ja lisage need pannil vähendatud vedelikele, laske keema tõusta ja alandage madalal kuumusel ning hautage umbes 30 minutit, jälgides hoolikalt ja sageli segades.

i) Lisa koor, jätka aeglaselt küpsetamist 10 minutit.

j) Maitse, maitsesta soola ja pipraga.

KOOSTAMINE:

k) Eemaldage pastarullid kilest ja pange koos kastmega pannile.

l) Kui see on kuumutatud, lõigake rulli mõlemad otsad ära, et see oleks ühtlane.

m)	Seejärel lõika rull 3 võrdseks osaks.

n) Serveerimiseks asetage taldriku põhja kastmekogum ja pange igale taldrikule 2 või 3 pastarulli, rattapooliga ülespoole.

o) Puista peale riivjuustu, kui sulle meeldib ja naudi.

11. Soolased prosciutto rattad

Valmistab: 24 portsjonit

KOOSTISOSAD:
- 2 tl Külmutatud lehttainast
- ½ naela õhukeseks viilutatud prosciutto; jagatud
- 3 untsi Värskelt riivitud parmesani juustu; jagatud
- 1 purk Magus-kuum sinep - (4 untsi); jagatud
- 1 muna; koos pekstud
- 2 spl Vett

JUHISED:
a) Sulatage lehttainast toatemperatuuril 20-30 minutit. Tõsta kergelt jahuplaat ja rulli üks kondiitrileht umbes 12 x 15 tolliseks lahti. Määri tainaleht poole sinepiga. Peal pool prosciutto, mis on paigutatud ühe kihina. Puista prosciutto poole parmesani juustuga. Suru juust sõrmede või spaatliga alla. Rulli tainas spiraaliks.

b) Pintselda servad vähese veega ja suru kinni. Lõika rull sakilise nuga abil ühetollisteks ratasteks. Asetage rattad ahjuplaadile ja suruge need klaasi põhja või spaatli seljaga kokku.

c) Korrake seda teise lehttaignalehega, seejärel asetage rattad 15 minutiks külmkappi. Pintselda rattad munapesuga ja küpseta eelsoojendatud 400 kraadises ahjus kümme minutit. Pöörake ja küpsetage veel viis kuni kümme minutit või kuni kuldpruunini.

12.   Pähkel, viigimarja ja Prosciutto Crostini

Teeb umbes: 12

KOOSTISOSAD:
- 1 päts ciabatta leiba, viilutatud ½ tolli paksuseks
- Ekstra neitsioliiviõli
- 12 viilu prosciutto
- ¼ tassi röstitud kreeka pähkleid, hakitud
- Ekstra neitsioliiviõli
- 6 küpset viigimarja, pooleks rebitud
- 1 hunnik värsket peterselli
- 1 küüslauguküüs, viilutatud
- Värskelt jahvatatud must pipar
- 6 spl palsamiäädikat

JUHISED:
a) Kuumuta grillpann ja grilli oma ciabatta viilud.

b) Hõõru küüslaugu lõigatud pool õrnalt ciabattale.

c) Nirista üle extra virgin oliiviõliga.

d) Asetage tükk prosciuttot ja pool viigimarja iga kuuma crostini peale.

e) Riputa peale petersell ja kreeka pähklid ning nirista peale veel ekstra neitsioliiviõli.

f) Lisa tilk palsamiäädikat ja maitsesta enne serveerimist värskelt jahvatatud musta pipraga.

13.   Salaami ja Brie Crostini

Valmistab: 4-6 portsjonit

KOOSTISOSAD:
- 1 prantsuse baguette, viilutatud 4-6 paksuks tükiks
- 8 untsi Brie juustu, õhukeselt viilutatud
- 4 untsi pakk Prosciuttot
- ½ tassi jõhvikakastet
- ¼ tassi oliiviõli
- Värske piparmünt

BALSAMIKUGLAASI:
- 2 spl pruuni suhkrut
- ¼ tassi palsamiäädikat

JUHISED:

BALSAMIKUGLAASI:
a) Lisa kastrulisse madalal kuumusel fariinsuhkur ja üks tass palsamiäädikat.
b) Hauta, kuni äädikas on paksenenud.
c) Võta glasuur tulelt ja lase jahtuda. See pakseneb jahtudes.

KOOSTAMA:
d) Pintselda baguette kergelt oliiviõliga ja rösti ahjus 8 minutit.
e) Määri brie leivale.
f) Lisage peale üks teelusikatäis jõhvikakastet ja prosciuttot.
g) Tõsta peale tilk balsamicoglasuuri ja seejärel piparmündilehed.
h) Serveeri kohe.

14. <u>Proscuitto ja Mozarella Bruschetta</u>

Valmistab: 3 portsjonit

KOOSTISOSAD:
- ½ tassi peeneks hakitud tomateid
- 3 untsi hakitud mozzarellat
- 3 prosciutto viilu, tükeldatud
- 1 spl oliiviõli
- 1 tl kuivatatud basiilikut
- 6 väikest viilu prantsuse leiba

JUHISED:
a) Kuumuta õhufritüür temperatuurini 350 kraadi F. Asetage leivaviilud ja röstige 3 minutit. Katke leib tomatite, prosciutto ja mozzarellaga. Puista basiilikut mozzarellale. Nirista peale oliiviõli.

b) Tõsta tagasi õhkfritüüri ja küpseta veel 1 minut, piisavalt, et see sulaks ja muutuks soojaks.

15. <u>Minty Shrimp Bites</u>

Mark: 16

KOOSTISOSAD:
- 2 spl oliiviõli
- 10 untsi krevette, keedetud
- 1 spl piparmünt, hakitud
- 2 spl erütritooli
- ⅓ tassi murakad, jahvatatud
- 2 tl karripulbrit
- 11 prosciutto viilu
- ⅓ tassi köögiviljapuljongit

JUHISED:
a) Nirista iga krevetti peale õli pärast prosciutto viiludesse mähkimist.
b) Segage kiirpotis murakad, karri, piparmünt, puljong ja erütritool, segage ja keetke 2 minutit madalal kuumusel.
c) Lisage auruti korv ja pakitud krevetid potti, katke kaanega ja küpseta 2 minutit kõrgel kuumusel.
d) Tõsta pakitud krevetid taldrikule ja nirista enne serveerimist üle piparmündikastmega.

16. Pirni, redise mikroroheline ja Prosciutto Bite

Teeb: 18 hammustust

KOOSTISOSAD:
- 8 untsi pehmet kitsejuustu
- 6 untsi prosciutto, lõigatud ribadeks
- 2 untsi pakk redise mikrorohelisi
- ¼ tassi värskelt pressitud sidrunimahla
- 2 pirni, viilutatud

JUHISED:
a) Nirista igale pirniviilule sidrunimahla.

b) Määri ühele poolele pirniviilust ¼ tl pehmet kitsejuustu, seejärel sega komponendid vaheldumisi teise poolega.

c) Määri ülemisele pirniviilule veel ¼ tl pehmet kitsejuustu, seejärel volditud prosciutto riba ja tilk pehmet kitsejuustu, seejärel redise mikrorohelised.

d) Pane ülejäänud pirniviilud kokku ja serveeri, lisades veel redise mikrorohelisi.

17. Muffini prosciutto tass

KOOSTISOSAD:

- 1 viil prosciutto (umbes 1/2 untsi)
- 1 keskmine munakollane
- 3 supilusikatäit kuubikuteks lõigatud Brie
- 2 spl kuubikuteks lõigatud mozzarella juustu
- 3 spl riivitud parmesani juustu

JUHISED:

a) Kuumuta ahi temperatuurini 350 ° F. Võta välja umbes 2 süvendiga muffinivorm 1/2"lai ja 1 1/2"sügav.

b) Voldi prosciutto viil pooleks, et see muutuks peaaegu kandiliseks. Asetage see korralikult muffinivormi, et see täielikult vooderdada.

c) Asetage munakollane prosciutto tassi.

d) Lisage juustud munakollase peale õrnalt, ilma seda purustamata.

e) Küpseta umbes 12 minutit, kuni munakollane on küps ja soe, kuid siiski vedel.

f) Lase 10 minutit jahtuda enne muffinivormist väljavõtmist.

18. Avokaado prosciutto pallid

KOOSTISOSAD:
- 1/2 tassi makadaamiapähkleid
- 1/2 suurt avokaadot, kooritud ja kivideta (umbes 4 untsi viljaliha)
- 1 unts keedetud prosciuttot, purustatud
- 1/4 tl musta pipart

JUHISED:
a) Puista makadaamiapähkleid väikeses köögikombainis ühtlaseks murenemiseks. Jaga pooleks.
b) Segage väikeses kausis avokaado, pooled makadaamiapähklid, prosciutto ja pipar ning segage kahvliga korralikult läbi.
c) Vormi segust 6 palli.
d) Aseta ülejäänud purustatud makadaamiapähklid keskmisele taldrikule ja veereta üksikud pallid ühtlaseks kattumiseks.
e) Serveeri kohe.

19.   Prosciutto krõpsud

KOOSTISOSAD
- 12 (1 unts) prosciutto viilu
- Õli

JUHISED:

a) Kuumuta ahi temperatuurini 350 ° F.

b) Vooderda küpsetusplaat küpsetuspaberiga ja laota prosciutto viilud ühe kihina. Küpseta 12 minutit või kuni prosciutto on krõbe.

c) Lase enne söömist täielikult jahtuda.

20. Madala süsivesikute sisaldusega salatimähise võileib

Teeb: 1 INIMENE

KOOSTISOSAD:
- 8 jääsalatit
- 1 spl omatehtud majoneesi
- 1 tl kollast sinepit
- 3 Prosciutto viilu
- 2 viilu orgaanilist sinki
- 3 viilu orgaanilist kanarinda
- 5 viilu kurki
- 8 kirsstomatit pooleks lõigatud
- 1 tükk pärgamentpaberit

JUHISED:
a) Asetage küpsetuspaber lõikelauale. Laota 5–8 salatilehte küpsetuspaberi keskele ja salatilehtede küljed peaksid olema üksteise peal, jätmata salatite vahele ruumi. Laota kate kihiti, määrides peale sinepi ja majoneesi.

b) pealtvaade salatimähist puittahvlil

c) Seejärel lisage Prosciutto ja deliliha viilud (sink ja kanarind), kurgiviilud ja kirsstomatid.

d) pealtvaade salatimähist delikatessilihaga puittahvlil

e) Rullige salatimähised, kasutades alusena pärgamenti. Rulli salatikile võimalikult tihedaks.

f) pealtvaade salatimähist delikatessiliha, kurgi ja kirsstomatitega puidust laual

g) Poole rullimise pealt murra wrappide servad keskkoha poole ja jätka rullimist nagu burrito. Kui see on täielikult mähitud, rulli ülejäänud pärgament salati ümber.

h) ülevalt vaade salatimähist delikatessilihaga puittahvlil mähkimisel

i) Viiluta salatikile noaga ja naudi!

j) lähivõte salatimähisest võileivast

21. Prosciuttosse pakitud suvikõrvitsahammustused

KOOSTISOSAD:

● 4 väikest või 2 keskmist suvikõrvitsat, viilutatud pikuti väga õhukesteks paeladeks
● 1 spl ekstra neitsioliiviõli
● Koššersool ja värskelt jahvatatud pipar
● 6 untsi kitsejuustu
● 1 spl värsket tüümiani, lisaks veel serveerimiseks
● 2 tl mett, lisaks veel serveerimiseks
● ½ sidruni koor
● ¼ tassi päikesekuivatatud tomateid, mis on pakitud õlisse, nõrutatud ja tükeldatud
● ¼ tassi värskeid basiiliku lehti, tükeldatud
● 10 õhukest prosciutto viilu, pikuti pooleks lõigatud

JUHISED:

a) Kuumuta ahi temperatuurini 425 ° F. Vooderda äärega küpsetusplaat küpsetuspaberiga.

b) Viska suures kausis suvikõrvitsapaelad oliiviõli ja näputäie soola ja pipraga.

c) Sega väikeses kausis kokku kitsejuust, tüümian, mesi, sidrunikoor, päikesekuivatatud tomatid, basiilik ning näputäis soola ja pipart.

d) Töötades ühekaupa, asetage suvikõrvitsapael puhtale tööpinnale. Tõsta ühte otsa 1 sl juustusegu ja keera lint kokku. Kinnitamiseks keerake prosciutto tükk suvikõrvitsa ümber. Asetage rullid ettevalmistatud ahjuplaadile õmblusega pool allpool. Korrake ülejäänud suvikõrvitsapaeltega.

e) Küpseta, kuni prosciutto on krõbe, 20–25 minutit. Rullid hakkavad veidi nõrguma; See on okei. Lase neil enne serveerimist 6 minutit küpsetusplaadil seista, puista üle värske tüümiani ja meega üle.

22. Singi ja virsiku sushikauss

KOOSTISOSAD:
- 2 tassi valmistatud (400 g) Traditsiooniline sushi riis või Kiire ja lihtne mikrolaineahjus sushi riis
- 1 suur virsik, seemnetest puhastatud ja 12 viiluks lõigatud
- ½ tassi (125 ml) Sushi-riisikastet
- ½ tl küüslaugu tšillikastet
- Prits tumedat seesamiõli
- 4 untsi (125 g) prosciutto, lõigatud õhukesteks ribadeks
- 1 hunnik kressi, jämedad varred eemaldatud

JUHISED:
a) Valmistage ette sushiriis ja ekstra sushiriisikaste.

b) Asetage virsikuviilud keskmisesse kaussi. Lisa sushi riisikaste, küüslaugu-tšillikaste ja tume seesamiõli. Enne katmist visake virsikud korralikult marinaadi. Lase virsikutel marinaadis toatemperatuuril taheneda vähemalt 30 minutit ja kuni 1 tund.

c) Koguge 4 väikest serveerimiskaussi. Enne ½ tassi (100 g) valmistatud sushiriisi igasse kaussi asetamist tehke sõrmeotsad märjaks. Tasandage riisi pind õrnalt. Jaotage lisandid ühtlaselt iga kausi peal atraktiivse mustriga, võimaldades 3 virsikuviilu portsjoni kohta. (Enne kausside katmist võite virsikutest suurema osa vedelikust kurnata, kuid ärge kuivatage neid.)

d) Serveeri soovi korral kahvli ja dippimiseks sojakastmega.

23. Parma singi pakitud spargel

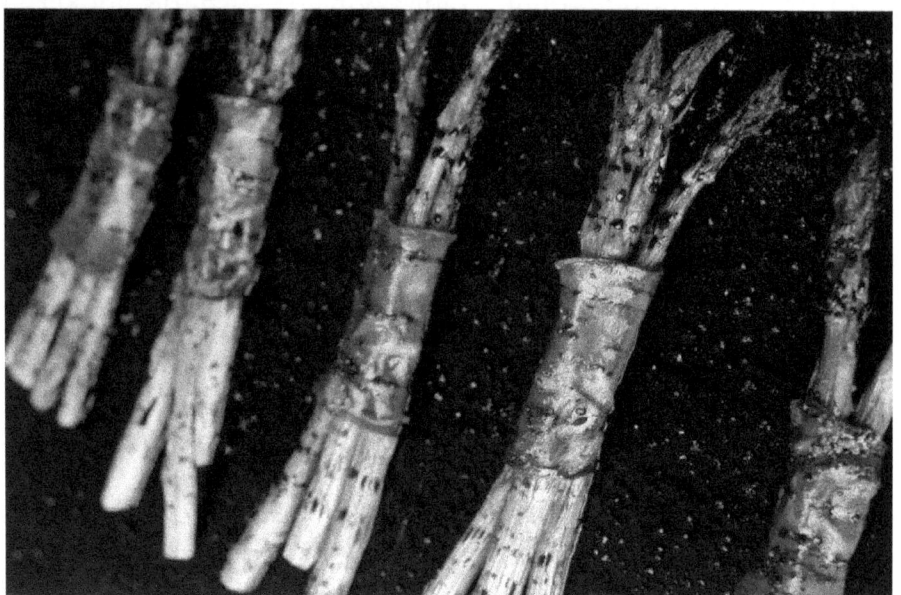

Valmistab: 2

KOOSTISOSAD:
- 8 spargli oda
- 8 viilu Parma sinki
- 2 spl oliiviõli
- 2 spl parmesani, riivitud

JUHISED:
a) Kuumuta puuahi keskmise kõrge temperatuurini.

b) Blanšeerige sparglioad kastrulis, asetades need kaheks minutiks õrnalt keevasse vette, seejärel eemaldage need ja asetage jäävette või külma jooksva vee alla.

c) Asetage oma Grizzler oma puuahju, et pärast oliiviõli lisamist see soojeneda.

d) Keerake Parma singi serv ümber spargli oda ja keerake seda nii, et oda oleks täielikult singi sisse ümbritsetud.

e) Võtke Grizzler ahjust välja ja asetage pakitud spargel.

f) Puista sparglile parmesan ja pane Grizzler ahju tagasi.

g) Grillige kaks minutit mõlemal küljel või kuni mõlemale küljele ilmuvad chargrilli jäljed.

24. Antipasto vaagen prosciutto ja meloniga

Valmistab: 12 portsjonit

KOOSTISOSAD:
- 8 untsi õhukeseks viilutatud prosciutto
- Salati lehed
- 2 tassi melonipalle või kuubikuid
- 1 tass värskeid ananassikuubikuid
- ¼ tassi viilutatud mandleid, röstitud
- 2 supilusikatäit oliiviõli
- 2 spl valget palsamiäädikat
- 2 spl purustatud sinihallitusjuustu

a) Rulli iga prosciutto viil kokku ja aseta suurele salatiga kaetud serveerimisvaagnale.
b) Asetage puuviljad ja pähklid prosciutto ümber.
c) Sega oliiviõli ja palsamiäädikas ning nirista segu kõige peale.
d) Puista peale sinihallitusjuust.

25.   Grillitud kukeseened ja prosciuttosse keeratud viigimarjad

Valmistab: 4 portsjonit

KOOSTISOSAD:
4 untsi Prosciutto di Parma õhukesteks viiludeks
½ tassi ekstra neitsioliiviõli
3 spl palsamiäädikat
½ teelusikatäit soola
¼ teelusikatäit pipart
10 küpset, kuid tugevat Black Mission viigimarja, lõigatud, pikuti poolitatud
4 untsi kukeseeni pühitakse puhtaks
8 tassi rukola lehti lõdvalt pakitud
¼ tassi segatud söödavaid lilli (valikuline)

1. Lõika prosciuttost väikese terava noaga kakskümmend 3x1-tollist riba. Lõika ülejäänud prosciutto 1x-tollisteks ribadeks.

2. Vispelda väikeses kausis oliiviõli, palsamiäädikas, sool ja pipar. Varu kastet ja tõsta kõrvale. Valage ülejäänud vinegrett keskmisesse mittereaktiivsesse kaussi. Lisa viigimarjapoolikud ja seened ning viska õrnalt läbi. Lase 30 minutit marineerida.

3. Süüta grill või eelsoojenda broiler. Eemalda viigimarjapoolikud ükshaaval marinaadist ja mähi ükshaaval suurte prosciutto ribade sisse. Vaheldumisi seentega keerake 5 pakitud viigimarjapoolikut nelja 10-tollise puidust vardasse.
Grilli või prae umbes 1 minut mõlemalt poolt, kuni see on kergelt pruunistunud.
Tõsta taldrikule.

4. Viska suures salatikaussi rukola koos reserveeritud kastmega.
Jaga 4 suurele salatitaldrikule. Aseta igale salatile 1 vardast prosciuttosse keeratud viigimarjad ja seened. Kaunista söödava lilleõie ja ülejäänud väikeste prosciutto viiludega. Serveeri kohe.

VÕILEIB JA BURGERID

26. Hapukoor, Provolone, Pesto

KOOSTISOSAD:
- 1/2 tassi ekstra neitsioliiviõli
- 8 viilu juuretisega leiba
- 1/4 tassi pestot
- 16 õhukest viilu Provolone juustu
- 12 õhukest prosciutto viilu
- 4 tervet röstitud punast paprikat, julieneeritud

JUHISED:
a) Kuumuta Panini grill vastavalt tootja juhistele.

b) Määri igale leivapoolele pesto, enne kui pane alumisele poolele pool juustu, prosciutto, pipraribad ja ülejäänud juust ning sulge võileiva valmistamiseks.

c) Pange peale veidi võid ja küpsetage seda Panini eelsoojendatud grillil umbes 4 minutit või kuni väliskülg on kuldpruun.

27. Seattle'i kana võileib

KOOSTISOSAD:
- 6 viilu Itaalia leiba
- 1/3 tassi basiiliku pestot
- 3 untsi viilutatud prosciutto, valikuline
- 1 (14 untsi) purk artišokisüdamed, nõrutatud ja viilutatud
- 1 (7 untsi) purki röstitud punast paprikat, nõrutatud ja ribadeks lõigatud
- 12 untsi. keedetud kana, lõigatud ribadeks
- 4–6 untsi. hakitud provolone juust

JUHISED:
a) Enne kui midagi teete, soojendage ahi temperatuurini 450 F.

b) Määri iga saiaviilu üks pool pestoga.

c) Asetage prosciutto viilud, seejärel artišoki viilud, punase pipra ribad ja kanaribad leivaviiludele.

d) Asetage lõikelauale 6 fooliumitükki. Asetage iga võileib õrnalt fooliumitükile ja keerake see ümber.

e) Pange need küpsetusplaadile ja küpsetage neid ahjus 9 minutit.

f) Visake fooliumitükid ära ja asetage lahtised võileivad alusele tagasi.

g) Puista nende peale riivitud juust. Prae võileibu ahjus veel 4 minutit.

h) Serveeri oma võileibu kuumalt oma lemmiklisanditega.

i) Nautige.

28. Prosciutto ja Taleggio viigimarjadega Mesclunil

Valmistab:4

KOOSTISOSAD:
- 8 väga õhukest viilu juuretisega leiba või baguette
- 3 spl ekstra neitsioliiviõli, jagatud
- 3–4 untsi prosciutto, lõigatud 8 viiluks
- 8 untsi küpset Taleggio juustu, viilutatud kaheksaks ¼ tolli paksuseks tükiks
- 4 suurt peotäit kevadsalati segu (mesclun)
- 2 spl hakitud värsket murulauku
- 2 supilusikatäit hakitud värsket kirvi
- 1 spl värsket sidrunimahla Sool
- Must pipar
- 6 küpset musta viigimarja, neljandikku
- 1-2 tl palsamiäädikat

JUHISED:
a) Pintselda leiba kergelt väikese koguse oliiviõliga ja laota ahjuplaadile. 2 Kuumuta ahi 400 °F-ni. Asetage leib kõrgeimale restile ja küpsetage umbes 5 minutit või kuni need hakkavad krõbedaks muutuma. Eemaldage ja laske jahtuda, umbes 10 minutit.

b) Kui see on jahtunud, keerake prosciutto viilud Taleggio viilude ümber ja asetage igaüks leivatüki peale. Jäta hetk kõrvale, kuni valmistad salatit.

c) Segage rohelised umbes 1 supilusikatäie oliiviõli, murulaugu ja kirviga, seejärel segage sidrunimahla, soola ja pipraga maitse järgi. Laota 4 taldrikule ja kaunista viigiveeranditega.

d) Pintselda prosciuttosse mähitud pakkide ülaosasid järelejäänud oliiviõliga, aseta seejärel suurde ahjupannile ja küpseta 5–7 minutit või kuni juust hakkab nõrguma ja prosciutto servadest krõbedaks muutuma.

e) Eemaldage kiiresti pakid ja asetage igale salatile, seejärel raputage kuumale pannile palsamiäädikat. Keerake nii, et see soojeneks, seejärel valage see salatitele ja röstsaiadele. Serveeri kohe.

29. Maasika basiiliku Prosciutto grilljuust

KOOSTISOSAD:

- 12 untsi. Värske mozzarella, viilutatud
- 8 viilu saia, paksuks lõigatud
- 2 supilusikatäit pehmendatud võid
- 8 värsket maasikat (keskmised kuni suured), õhukesteks viiludeks
- 12 värsket basiilikulehte, terved
- 8 prosciutto viilu, lõika õhukeseks
- 2 untsi balsamico glasuur

JUHISED:

a) Lao mõlemale poolele leiva- ja võiviilud.

b) Võiga määrimata poolele lao kihiti värske mozzarella, maasikad, basiilikulehed ja prosciutto. Nirista üle balsamico glasuuriga; aseta ülejäänud leib peale ja tõsta eelsoojendatud mittenakkuvale pannile.

c) Küpseta umbes üks minut, vajutades spaatliga alla. Pöörake ja korrake kuni kuldpruunini.

d) Eemalda, soovi korral nirista peale ekstra balsamico glasuuri, tükelda ja serveeri.

30.   Mozzarella, Prosciutto ja viigimarjamoos

Valmistab:4

KOOSTISOSAD:
- 4 pehmet prantsuse või itaalia rulli (või võimalusel poolküpsetatud)
- 10–12 untsi värsket mozzarellat, paksult viilutatud
- 8 untsi prosciutto, õhukeselt viilutatud
- ¼-½ tassi viigimarjamoosi või viigimarjakonservi maitse järgi
- Pehme või leivale määrimiseks

JUHISED:
a) Tükeldage iga rull ja asetage mozzarella ja prosciutto peale. Määri ülemised viilud viigimarjamoosiga ja sulge seejärel.

b) Määri iga võileiva väliskülg kergelt võiga.

c) Kuumuta tugevat mittenakkuvat panni või paninipressi keskmisel-kõrgel kuumusel. Asetage võileivad pannile, töötades kahes osas, olenevalt panni suurusest.

d) Vajutage nuppuvõileivadvõi sulge grill ja pruunista, keerates üks või kaks korda, kuni leib on krõbe ja juust sulanud. Kuigi rullid on ümmargused, on need pärast vajutamist tunduvalt lamedamad ja neid saab hõlpsasti pöörata, kuigi ettevaatlikult.

31. BocadilloalatesIbiza saar

Valmistab: 4

KOOSTISOSAD:
- 4 suurt pehmet lamedat prantsuse või itaalia stiilis rulli
- 6-8 küüslauguküünt, poolitatud
- 4-6 supilusikatäit ekstra neitsioliiviõli
- 1 spl tomatipastat
- 2-3 suurt küpset tomatit õhukesteks viiludeks
- Kuivatatud pune rohkelt puistata
- 8 õhukest viilu Hispaania jamoni või sarnast sinki, näiteks prosciuttot
- Umbes 10 untsi mahe ja sulav, kuid maitsev juust, nagu Manchego, Idiazábal, Mahon või California juust, nagu Ig Vella's semi secco või Jack
- Segatud Vahemere oliivid

JUHISED:
a)   Eelsoojenda broiler.

b)   Lõika rullid lahti ja rösti broileri all kergelt mõlemalt poolt.

c)   Hõõru küüslauku iga leivatüki lõikepoolele.

d)   Nirista küüslauguga hõõrutud leiba oliiviõliga ja pintselda väliskülgi veidi õliga. Määri kergelt tomatipastaga, seejärel laota rullidele kihiti viilutatud tomatid ja nende mahlad, suru sisse tomatipasta ja tomatid, et mahlad leiva sisse imenduksid.

e)   Puista peale murendatud pune, seejärel kihiti singi ja juustuga. Sulgege ja suruge hästi kokku, seejärel pintseldage kergelt oliiviõliga.

f)   Kuumutage tugevat mittenakkuvat panni või paninipressi keskmisel-kõrgel kuumusel, seejärel lisage võileivad. Kui kasutate panni, kaalugevõileivad maha.

g)   Alanda kuumust keskmiselt madalale ja küpseta, kuni see on väljast kergelt krõmpsuv ja juust hakkab sulama. Pöörake ja pruun teiselt poolt.

h)   Lõika pooleks ja serveeri kohe, kõrvale peotäis segatud oliive.

32. Tomat ja Mahoni juust oliivileival

KOOSTISOSAD:
- 10—12 värsket väikest salveilehte
- 3 supilusikatäit soolata võid
- 1 spl ekstra neitsioliiviõli
- 8 viilu maaleiba
- 4 untsi prosciutto, õhukeselt viilutatud
- 10–12 untsi täismaitselist mägijuustu, nagu fontina, laagerdunud Beaufort või Emmentaler
- 2 küüslauguküünt, hakitud

JUHISED:
a)   Segage tugeval mittenakkuval pannil keskmisel-madalal kuumusel kokku salveilehti, võid ja oliiviõli, kuni või sulab ja vahutab.

b)   Vahepeal laota välja 4 viilu leiba, tõsta peale prosciutto, seejärel fontina ja seejärel puista küüslauku. Aseta peale ülejäänud leib ja suru tugevalt kokku.

c)   Asetage võileivad õrnalt kuuma salveivõi segusse; peate võib-olla tegema neid mitme partiina või kasutama kahte panni. Kaal koospeal raske praepannvõileivad alla vajutada. Küpseta, kuni see on väljast kergelt krõmpsuv ja juust hakkab sulama. Pöörake ja pruun teiselt poolt.

d)   Serveeri võileibu kuumalt ja krõbedana, lõika diagonaalselt pooleks. Kas visake salveilehed ära või näksige need krõbedaks ja pruuniks.

33. Kuubalased

Valmistab: 4

KOOSTISOSAD:
- 4 (6-tollist) kangelaserulli
- ¼ tassi (½ pulka) soolata võid, toatemperatuuril
- 4 tl Dijoni sinepit
- ¼ tassi majoneesi (poest ostetud või omatehtud)
- ½ naela õhukeselt viilutatud Šveitsi juustu
- 1 tass kurnatud Pour-Over marineeritud kurki või õhukeseks viilutatud tillihapukurki
- ½ naela õhukeselt viilutatud seaprae abajääk (umbes 6 viilu)
- ½ naela õhukeselt viilutatud prosciutto cotto

a) Või leib. Lõika rullid horisontaalselt pooleks. Määri iga poole väliskülg võiga. Aseta lehtpannile, lõikepool üleval.

b) Ehitage võileib. Määri iga rulli põhja 1 tl sinepiga ja iga rulli ülaosa 1 sl majoneesiga. Lõika juustuviilud pooleks ja jaga rullipõhjade vahel. Tõsta peale hapukurgi, seaprae ja singikiht. Katke rullikutega.

c) Pruunista võileivad. Kuumuta suur malmpann keskmisel madalal kuumusel kuumaks. Partiidena töötades tõsta vajadusel võileivad ettevaatlikult pannile. Kata alumiiniumfooliumiga ja aseta peale suur raske pott.

d) Küpseta, aeg-ajalt potti alla vajutades, 4–5 minutit, kuni põhjad on kuldpruunid ja krõbedad.

e) Keerake võileivad ümber ja asetage alumiiniumfoolium ja raske pott tagasi.

f) Küpseta 4–5 minutit, kuni teine pool on kuldpruun ja juust täielikult sulanud. Tõsta lõikelauale ja lõika võileivad viltu pooleks.

g) Tõsta serveerimisnõudele ja serveeri.

34. Viigimarja- ja prosciutto võileivad

Valmistab: 2 portsjonit

KOOSTISOSAD:
1 päts rosmariini focaccia
3 joonised; lõika õhukesteks ringideks
1 viil Prosciutto
1 peotäis pestud rukolat
Oliiviõli
Värskelt jahvatatud must pipar; maitsta

Lõika 4 focaccia tükki vertikaalselt õhukeselt. Asetage kiht viigimarju ühele focaccia tükile. Lisa viil prosciuttot ja peotäis rukolat.

Piserda rukola oliiviõliga. Maitsesta pipraga maitse järgi. Vajuta tugevasti võileivale, et lamedaks. Lõika pooleks.

VÕISTLUS

35. Kiivid ja krevetid

Valmistab: 4 portsjonit

KOOSTISOSAD:
- 3 kiivi
- 3 supilusikatäit oliiviõli
- 1 nael krevetid, kooritud
- 3 spl Jahu
- ¾ tassi Prosciutto, lõigatud õhukesteks ribadeks
- 3 šalottsibul, peeneks hakitud
- ⅓ teelusikatäit tšillipulbrit
- ¾ tassi kuiva valget veini

JUHISED:
a) Koori kiivi. Jätke 4 viilu kaunistamiseks ja tükeldage ülejäänud puuviljad. Kuumuta raskel pannil või wokis õli. Viska krevetid jahusse ja prae 30 sekundit.

b) Lisa Prosciutto, šalottsibul ja tšillipulber. Prae veel 30 sekundit. Lisa tükeldatud kiivi ja prae 30 sekundit. Lisa vein ja vähenda poole võrra.

c) Serveeri kohe.

36. Prosciutto ja Pesto kotletid

Valmistab: 2

KOOSTISOSAD:
- 4 viilu prosciutto
- 4 lambakotletti
- 2 supilusikatäit basiiliku pestot

JUHISED:
a) Valmistage fritüür ette, soojendades seda 3 minutiks 180 °C-ni.
b) Laota kotletid fritüüri kihiti ja küpseta 200ºC juures 5 minutit.
c) Laotage pinnale 4 prosciutto riba ja laotage iga kotlet prosciutto ribale.
d) Määri peale Basiiliku Pestoga ja keera prosciutto kotleti ümber.
e) Naaske fritüüri korvi 7 minutiks.

37. <u>Balsamico glasuuritud kana</u>

Valmistab: 4 portsjonit

KOOSTISOSAD:

- 1 (3 1/2 kuni 4 naela) kana
- 2 küüslauguküünt, peeneks hakitud
- 4 spl kuubikuteks lõigatud rosmariinilehti
- 2 supilusikatäit värskelt jahvatatud musta pipart
- 1 tl meresoola
- 3 supilusikatäit neitsioliiviõli
- 2 untsi Prosciutto koort
- 2 untsi parmesani koort
- 2 mõõdukat punast sibulat, segmenteeritud
- 1-tollised kettad
- 1 klaas Lombroso
- 4 supilusikatäit palsamiäädikat
- 6 suurt Radicchio di Treviso
- 2 supilusikatäit ekstra neitsioliiviõli

JUHISED:

a) Kuumuta grill 375 kraadini.

b) Loputage ja kuivatage kana. Võtke sisetükid välja ja asetage need kõrvale.

c) Haki küüslauk, rosmariin, pipar ja meresool kokku ning sega neitsioliiviõliga. Hõõru kana väliskülg rosmariini seguga üle. Asetage Prosciutto ja Parmesani koored süvendisse ja laske üleöö külmikus seista.

d) Asetage sibulakettad ja -tükid väikese paksupõhjalise röstimispanni põhja. Aseta kana sibulate peale, rinnaga ülespoole. Valage klaas Lombrosot sibulatele ja hõõruge kana üle 4 spl palsamiäädikaga.

e) Aseta grillile ja küpseta 1 tund ja 10 minutit.

f) Lõika Radicchio pikuti pooleks ja aseta grillile ning küpseta 3–4 minutit mõlemalt poolt. Võta grillilt välja ja pintselda ekstra neitsioliiviõliga ning tõsta kõrvale. Tõsta lind grillilt välja ja lase 5 minutit puhata. Liigutage kana nikerdusvaagnale. Asetage sibulad ja sisetükid koos mahlaga tassi. Lõika kana, piserda ülejäänud äädikaga ja serveeri kohe.

38. Basiiliku kana

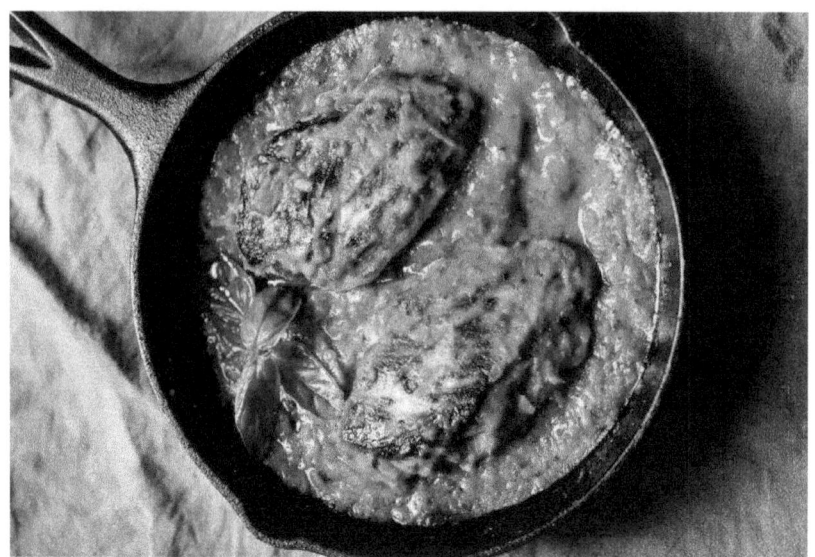

Valmistab: 4

KOOSTISOSAD:
- 4 nahata kondita kana rinnapoolikut
- 1/2 tassi valmistatud basiiliku pestot, jagatud
- 4 õhukest prosciutto viilu või vajadusel rohkem

JUHISED:
a) Määrige küpsetusnõu õliga ja seadke ahi 400 kraadini, enne kui midagi muud teete.
b) Valage igale kanatükile 2 supilusikatäit pestot ja katke iga tükk prosciutto tükiga.
c) Seejärel pange kõik nõusse.
d) Küpseta kõike ahjus 30 minutit, kuni kana on täielikult valmis.
e) Nautige.

39. Köögivilja- ja singiribade peal vutt

KOOSTISOSAD:
- 4 T. taimeõli
- 1 t. hakitud värsket ingverit
- 3 vutti, poolitatud
- Sool ja pipar
- 3-4 T. kanapuljong
- 1 keskmine suvikõrvits, lõigatud õhukesteks ribadeks
- 1 porgand, kraabitakse ja lõigatakse õhukesteks ribadeks
- 4 tervet sibulat, lõigatud õhukesteks ribadeks
- 2 suurt brokolivart, kooritud ja lõigatud õhukesteks ribadeks
- 2 untsi õhukesteks ribadeks lõigatud maasink või prosciutto

JUHISED:
a) Kuumuta suurel pannil või wokis 2 spl õli koos ingveriga.
b) Pruunista vutt igast küljest. Soola ja pipar neid. Lisage veidi puljongit, katke ja hautage aeglaselt 15 minutit.
c) Eemaldage vutid koos mahlaga ja hoidke soojas. Teeb: 2-3.

40. Kana & Prosciutto rooskapsaga

KOOSTISOSAD:

- 2 naela. kana sisefilee
- 4 untsi prosciutto
- 12 untsi. Rooskapsas
- 1/2 tassi kanapuljongit
- 1 1/2 tassi rasket koort
- 1 tl hakitud küüslauku
- 1 sidrun neljaks lõigatud ja seemnetega
- Ghee või kookosõli praadimiseks

JUHISED:

a) Kuumuta ahi 400 kraadini F.

b) Lõika rooskapsas pooleks ja keeda 5 minutit. Tõsta tulelt ja tõsta kõrvale.

c) Lisage pannile 1/2 tassi kanapuljongit ja laske keskmisel kuumusel keema tõusta. Pärast seda lisage rõõsk koor, hakitud küüslauk ja sidrun ning laske sageli segades 5–10 minutit podiseda. Tõsta tulelt ja tõsta kõrvale.

d) Kuumuta eraldi pannil ghee ja lisa kana. Küpseta keskmisel-kõrgel kuumusel mitu minutit ja seejärel lisa tükeldatud prosciutto, kuni kana on küps.

e) Väikeses pajavormis (9×9) ja kihiti alt üles: rooskapsas, kana, prosciutto, peale sidrunikoorekaste.

f) Küpseta eelkuumutatud ahjus 20 minutit. Serveeri kuumalt.

41. <u>Maitsev lihane lihapäts</u>

KOOSTISOSAD:

- 7 untsi prosciutto, õhukeseks viilutatud
- 7 untsi provolooni, õhukeseks viilutatud
- 2 tassi beebispinatit
- 1 tass tomatikastet
- ½ tassi tomatipastat
- 1 spl õunasiidri äädikat
- 4 spl steviat
- 1 nael jahvatatud sealiha
- ½ sibulat, hakitud
- ½ tassi paprikat, tükeldatud
- 2 küüslauguküünt, hakitud
- ¼ tassi parmesani juustu, riivitud
- 2 orgaanilist muna
- 1 tl pune, kuivatatud
- 1 tl basiilikut, kuivatatud
- Sool ja pipar maitse järgi
- 1 spl võid

JUHISED:

a) Seadke ahi temperatuurile 350 F.

b) Sulata või pannil keskmisel tulel. Viska sisse beebispinat ning maitsesta soola ja pipraga. Küpseta, kuni lehed närbuvad.

c) Sega kausis tomatikaste ja -pasta koos õunasiidri ja steviaga. Sega läbi ja tõsta kõrvale.

d) Teises kausis segage sealiha, sibul, paprika, küüslauk, parmesan ja ürdid. Sega hästi.

e) Lao küpsetuspaber umbes 10 tolli laiuseks ja laota liha peale. Asetage peale prosciutto, seejärel spinat ja provolone, et luua lihapäts. Tihendage küljed.

f) Aseta lihaleib fooliumiga vooderdatud leivavormi ja vala peale tomatikaste.

g) Küpseta ahjus veidi üle tunni või kuni sisetemperatuur jõuab 165 F-ni.

42. Pardi rinnaprosciutto

KOOSTISOSAD:

- 2 pardi rinnatükki
- ½ tassi helepruuni suhkrut
- ¼ tassi koššersoola
- 2 tl peeneks hakitud apelsinikoort
- 2 tl jahvatatud koriandrit
- 1 tl jahvatatud salvei
- 1 tl värskelt jahvatatud musta pipart

JUHISED:

a) Lõika pardirindade nahakülg diagonaalselt, tõmmates väga terava noaga kergelt üle naha ja läbi rasvapea, tehes lõiked üksteisest umbes ½ tolli kaugusel.

b) Sega väikeses kausis suhkur, sool, apelsinikoor, koriander, salvei ja pipar. Hõõruge selle kuuriga pardi mõlemale küljele, sealhulgas nahapragudesse. Aseta part tagasi nõusse, nahk üleval. Kata roog tihedalt kilega ja pane 4 päevaks külmkappi.

c) Pöörake pardirinnad ümber ja katke roog uuesti tihedalt kilega. Hoia veel 3 päeva külmkapis.

d) Sel hetkel peaks part olema tumepunast värvi ja olema üleni tihke, nagu hästi küpsetatud praad. See tähendab, et teie liha on kuivatatud. Kui see tundub endiselt väga pehme, keerake liha uuesti ümber ja laske sellel veel päev või paar seista.

e) Pardi söömise ohutuse tagamiseks asetage see restile, rasvane pool üleval, eelkuumutatud ahju. Kuumutage parti umbes 25 minutit või kuni see saavutab sisetemperatuuri 70 °C (160 °F).

f) Loputage part hästi ja patsutage see väga kuivaks. Enne serveerimist viilutage see žileti õhukeseks.

43. <u>Kana rinnafilee prosciutto ja salvei</u>

Valmistab: 2 portsjonit

KOOSTISOSAD:
1 Terve kondita ja nahata kanarind
Soola ja pipraga maitsestatud jahu
2 supilusikatäit soolata võid
½ tassi kuiva valget veini
¾ teelusikatäit Kuivatatud salvei; murenenud
2 untsi Prosciutto; julienned
Poolita kanarind pikuti ja tasandage kilelehtede vahel veidi.

Kastke kana kergelt maitsestatud jahu sisse. Kuumuta suurel pannil võid mõõdukalt kõrgel kuumusel, kuni vaht vaibub, ja prae selles kuivaks patsutatud ning maitse järgi soola ja pipraga maitsestatud kana 2 minutit mõlemalt poolt või kuni see on kergelt pruunistunud. Tõsta kana tangidega kuumutatud taldrikule ja hoia kaetult soojas 250 kraadises ahjus.

Lisa pannile valge vein ja salvei, kuumuta segades keemiseni ja keeda 1 minut. Lisa kana koos taldrikule kogunenud mahladega ja prosciutto, hauta segu kaane all 4–5 minutit või kuni kana on katsudes vetruv ja just läbi küpsenud ning maitsesta soola ja pipraga. Tõsta kana 2 taldrikule ja vala sellele lusikaga prosciutto kaste.

44. Kanapapillid prosciutto ja viigimarjadega

Valmistab: 8 portsjonit

KOOSTISOSAD:
- 6 supilusikatäit valget äädikat
- 3 spl Värsket rosmariini, peeneks hakitud
- 1 tl punase pipra helbeid
- 2 spl Värske sidrunimahl
- 1 terve sidrun, viilutatud ringideks
- 1 tl Sool
- ¼ teelusikatäit Värskelt jahvatatud musta pipart
- ¼ tassi oliiviõli
- 8 Terve kondita ja nahaga
- Kana rinnapoolikud, 1/4 tolli paksused
- 16 Terved viigimarjad
- 1 nael viiludeks lõigatud maaleiba
- 8 viilu Prosciutto

Sega vein, hakitud rosmariin, piprahelbed, sidrunimahl, sool, pipar ja õli.

Valage suurde madalasse mittereaktiivsesse tassi. Lisa marinaadile kana rinnad, sidruniviilud ja 3 rosmariinioksa. Kata kaanega, jahuta 3 tundi või kuni üleöö, aeg-ajalt kana ümber keerates.

Pintselda grilli õliga. Kuumuta grill keskmiselt kuumaks. Vahetult enne kana küpsetamist jälle õligrill. Grilli kana, kuni mahlad on selged, 3–5 minutit mõlemalt poolt; kõrvale panema. Grilli terveid viigimarju grilli kõige jahedamas osas, kuni need on pehmed ja soojad, 3–6 minutit.

Grilli leiba mõlemalt poolt pruuniks. Mähi prosciutto lõdvalt ümber iga kana rinnatüki. Laota vaagnale. Kaunista rosmariiniga ja serveeri Balsamic Fig kastme, viigimarjade ja leivaga.

45. Basiilik ja Prosciuttoga mähitud paltus

Valmistab: 2 portsjonit

KOOSTISOSAD:
- 6 lehte basiilikut
- 2 viilu prosciutto
- 2 (4 untsi) hiidlesta fileed
- ½ tl adobo maitseainet
- 1 spl oliiviõli

JUHISED:
a) Kuumuta ahi temperatuurini 400 kraadi F (200 kraadi C).

b) Laota 3 basiilikulehte igale prosciutto viilule. Maitsesta hiidlestafileed Adobo maitseainega, aseta ühele poole ettevalmistatud prosciutto viiludele ning mässi kalafileed prosciutto ja basiilikuga.

c) Seadke ahjukindel pann keskmiselt kõrgele kuumusele. Kui pann on kuum, vala peale oliiviõli ja aseta pannile pakitud hiidlesta fileed.

d) Küpseta fileed, kuni prosciutto on kuldpruun, umbes 4 minutit. Keera fileed ümber ja tõsta pann eelsoojendatud ahju. Küpseta, kuni kala on katsudes kõva ja läbi küpsenud, umbes 5 minutit.

46. Ürditud kitsejuust ja prosciutto krevetid

Valmistab: 4 portsjonit

KOOSTISOSAD:
12 supilusikatäit kitsejuustu
1 tl hakitud värsket peterselli
1 tl hakitud värsket estragoni
1 tl hakitud värsket kirvilt
1 tl hakitud värsket pune
2 tl hakitud küüslauku
Sool ja pipar
12 suurt krevetti, kooritud, saba- ja
Liblikas
12 õhukest prosciutto viilu
2 supilusikatäit oliiviõli
Valge trühvli tilk
Õli

Sega kausis juust, ürdid ja küüslauk kokku. Maitsesta segu soola ja pipraga. Maitsesta krevetid soola ja pipraga. Suru iga kreveti süvendisse üks supilusikatäis täidist. Mähi iga krevett tihedalt ühe prosciutto tükiga. Kuumuta praepannil oliiviõli. Kui õli on kuum, lisage täidetud krevetid ja praege 2–3 minutit mõlemalt poolt või kuni krevetid muutuvad roosaks ja nende sabad kõverduvad keha poole. Eemalda pannilt ja aseta suurele taldrikule. Nirista krevetid üle trühvliõliga.

Kaunista peterselliga.

47. <u>Praetud tald mangoldi ja prosciuttoga</u>

Valmistamine: 1 portsjon

KOOSTISOSAD:
2 kimpu Chard
2 supilusikatäit neitsioliiviõli
4 Filee talla, luud ja nahk eemaldatud
¼ tassi maitsestatud jahu
2 untsi Prosciutto di San Daniele, õhukeselt viilutatud, julieneeritud
2 apelsini koor, pluss
1 apelsini mahl
1 näputäis kaneeli
2 untsi ekstra neitsioliiviõli
½ Punane sibul, viilutatud, paberõhuke
Puhasta kaks kimpu punast mangoldit (lehed eemaldatakse muuks kasutamiseks). Lõigake varred lõigatud otsast 6 tolli pikkuseks.

Laske üks liitrit vett keema ja seadke jäävann. Keeda varsi 3–4 minutit keevas vees pehmeks ja põruta jäävees. Eemalda ja nõruta. Lõika ¼-tollisteks juliennideks ja aseta kaussi. Kuumuta 8-tollisel mittenakkuval pannil neitsioliiviõli suitsetamiseni. Kasta tallafileed maitsestatud jahusse ja aseta pannile. Küpseta ühelt poolt kuldpruuniks, umbes kaks minutit. Pöörake ja küpsetage teiselt poolt veel 30 sekundit. Tõsta soojale plaadile.

Lisa pannile mangoldivarred ning maitsesta soola ja pipraga. Lisa prosciutto, apelsinikoor, kaneel, oliiviõli ja punane sibul ning sega katteks umbes 30 sekundit. Piserdage ühe supilusikatäie apelsinimahlaga ja segage uuesti. Maitsesta soola ja pipraga ning jaga neljale taldrikule. Aseta igale taldrikule üks tallafilee ja serveeri.

PASTA

48. Metsikute ja eksootiliste seente lasanje

Valmistab: 9 portsjonit

KOOSTISOSAD:
- 2 spl oliiviõli
- 1 suur sibul; hakitud
- 2 untsi prosciutto di parma; peeneks hakitud
- 2 supilusikatäit hakitud šalottsibulat
- 2 spl hakitud küüslauku
- ½ tassi peeneks hakitud peterselli
- 1 kilo erinevaid metsikuid ja eksootilisi seeni
- 2 spl hakitud basiilikut
- 1 spl hakitud värsket pune
- ⅔ tassi kuiva valget veini
- 1½ naela konserveeritud purustatud tomateid; kuni 2 naela
- 2 tassi värsket ricotta juustu
- 1 muna
- 2 tassi riivitud Parmigiano-Reggiano juustu
- ½ tassi riivitud mozzarella juustu
- 1 sool; maitsta
- 1 värskelt jahvatatud must pipar
- 1 nael lasanjeteks lõigatud värskeid pastalehti; reisid, blanšeeritud,
- ½ tassi rasket koort
- ¼ tassi piima
- 8 kuivatatud basiilikulehte

JUHISED:
a) Kuumuta ahi 350 kraadini. Määri 13x9-tolline ristkülikukujuline ahjuvorm kergelt õliga. Kuumuta suurel pannil oliiviõli.

b) Kui õli on kuum, prae sibulaid ja prosciuttot umbes 4 minutit või kuni sibulad on närbunud ja kergelt karamelliseerunud.

c) Segage ½ tassi peterselli, šalottsibul ja seened. Prae 10 minutit või kuni seened on kuldpruunid. Maitsesta soola ja pipraga.

d) Sega juurde küüslauk, basiilik ja pune. Kurna seenesegu ja jäta vedelik alles. Valage vedelik tagasi pannile ja vähendage, kuni vedelik moodustab glasuuri, umbes 5 minutit. Aeg-ajalt kraapides külgi, et osakesed lahti saada.

e) Lisage vein ja järgige sama protsessi. Lisa tomatid ja jätka küpsetamist 10 minutit.

f) Maitsesta soola ja pipraga. Lisa seenesegu kastmele.

g) Segage segamisnõus Ricotta juust, muna, ülejäänud petersell, ½ tassi riivitud Parmigiano-Reggiano juustu ja Mozzarella juust.

h) Maitsesta soola ja pipraga. Kokkupanemiseks tõsta lusikaga väike kogus kastet ahjuvormi põhjale. Puista peale parmesani juust. Aseta pasta kiht kastme peale. Määri juust pastale.

i) Sega koor ülejäänud juustuga.

j) Maitsesta soola ja pipraga. Vala lasanje ülaosale. Kata lasanje. Küpseta 30 minutit kaanega ja 10–15 minutit kaaneta või kuni lasanje on kuldpruun ja tahenenud.

k) Eemalda lasanje ahjust ja lase 10 minutit puhata enne viilutamist. Asetage osa lasanjet taldriku keskele.

l) Kaunista riivjuustu ja praetud basiilikulehtedega.

49. Basiilik ja Prosciuttoga mähitud paltus

Valmistab: 2 portsjonit

KOOSTISOSAD:
- 6 lehte basiilikut
- 2 viilu prosciutto
- 2 (4 untsi) hiidlesta fileed
- ½ tl adobo maitseainet
- 1 spl oliiviõli

JUHISED:
e) Kuumuta ahi temperatuurini 400 kraadi F (200 kraadi C).
f) Laota 3 basiilikulehte igale prosciutto viilule. Maitsesta hiidlestafileed Adobo maitseainega, aseta ühele poole ettevalmistatud prosciutto viiludele ning mässi kalafileed prosciutto ja basiilikuga.
g) Seadke ahjukindel pann keskmiselt kõrgele kuumusele. Kui pann on kuum, vala peale oliiviõli ja aseta pannile pakitud hiidlesta fileed.
h) Küpseta fileed, kuni prosciutto on kuldpruun, umbes 4 minutit. Keera fileed ümber ja tõsta pann eelsoojendatud ahju. Küpseta, kuni kala on katsudes kõva ja läbi küpsenud, umbes 5 minutit.

50. Kana Alfredo Lasanje

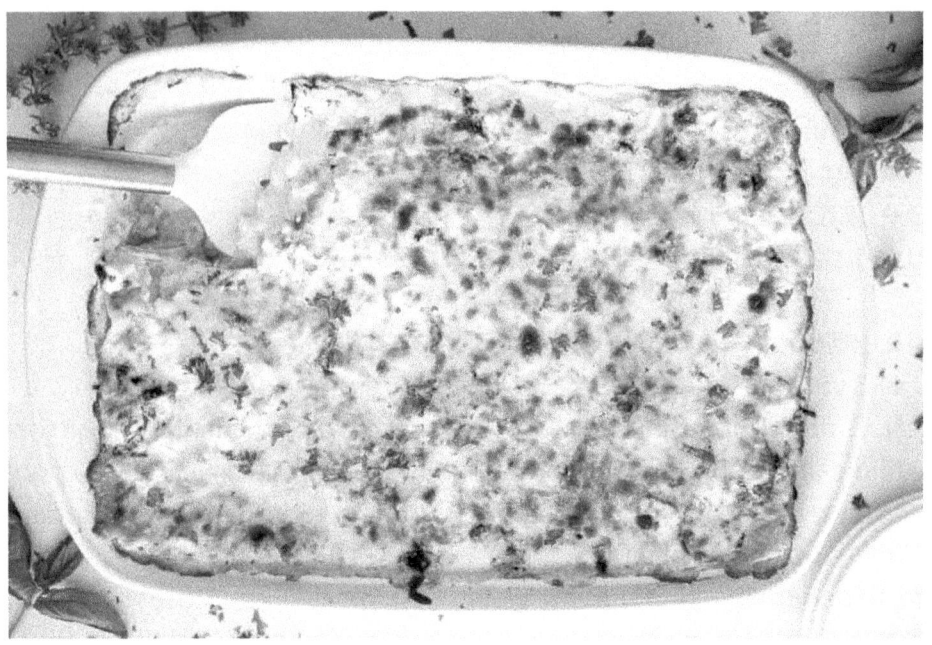

KOOSTISOSAD:

- 4 untsi õhukeselt viilutatud pancetta, ribadeks lõigatud
- 3 untsi õhukesteks viiludeks lõigatud prosciutto või deli sinki, lõigatud ribadeks
- 3 tassi hakitud keedukana
- 5 spl soolata võid, kuubikuteks
- 1/4 tassi universaalset jahu
- 4 tassi täispiima
- 2 tassi riivitud Asiago juustu, jagatud
- 2 spl hakitud värsket peterselli, jagatud
- 1/4 tl jämedalt jahvatatud pipart
- Näputäis jahvatatud muskaatpähklit
- 9 keetmata lasanjenuudlit
- 1-1/2 tassi tükeldatud osaliselt kooritud mozzarella juustu
- 1-1/2 tassi riivitud parmesani juustu

JUHISED:

a) Küpseta suurel pannil keskmisel kuumusel pancettat ja prosciuttot pruuniks. Nõruta paberrätikutel. Tõsta suurde kaussi; lisa kana ja sega kokku.

b) Kastme jaoks sulata keskmisel kuumusel suures potis või. Sega jahu ühtlaseks; vahusta järk-järgult piima sisse. Kuumuta pidevalt segades keemiseni; küpseta ja sega 1-2 minutit või kuni pakseneb. Eemaldage kuumusest; segage sisse 1/2 tassi Asiago juustu, 1 spl peterselli, pipart ja muskaatpähkel.

c) Kuumuta ahi 375°-ni. Määri 1/2 tassi kastet määritud 13 x 9-tollisse vormi. küpsetusnõu. Lao kiht igast järgmisest kolmandikuga: nuudlid, kaste, lihasegu, Asiago, mozzarella ja parmesani juustud. Korda kihte kaks korda.

d) Küpseta kaanega 30 minutit. Paljastama; küpseta 15 minutit kauem või kuni kihisemiseni. Puista peale ülejäänud petersell. Enne serveerimist lase 10 minutit seista.

51.   Penne viinakastmega

Valmistab: 4

KOOSTISOSAD:
- 16 untsi. penne pasta
- 1 supilusikatäit oliiviõli
- 1 tükeldatud sibul
- 3 hakitud küüslauguküünt
- ¼ naela tükeldatud prosciutto
- 28 untsi. konserveeritud purustatud tomatid
- 1 tass tomatikastet
- ½ tassi viina
- 1 tass rasket koort
- 1 tass Parmesani juustu
- ½ tassi hakitud värskeid basiiliku lehti
- ¼ teelusikatäit tüümiani
- 1 supilusikatäit hakitud peterselli
- Soola maitse järgi
- 1 tl suhkrut

JUHISED:
a) Keeda pastat soolaga maitsestatud vees potis 10 minutit. Äravool.
b) Kuumuta suurel pannil või teises potis õli.
c) Prae sibulat, küüslauku, prosciuttot 2 minutit.
d) Lisa purustatud tomatid ja tomatikaste.
e) Sega ja hauta 5 minutit.
f) Lisa viin ja rõõsk koor ning hauta 20 minutit.
g) Maitsesta basiiliku, tüümiani, peterselli, soola ja suhkruga.
h) Maitse ja maitsesta.
i) Sega juurde keedetud pasta ja parmesani juust ning hauta 5 minutit.

52. Sidrunibasiiliku pasta rooskapsastega

KOOSTISOSAD:

- 1 (1-naeline) karp pikaks lõigatud pastat, näiteks bucatini või fettuccine
- 4 untsi õhukeseks viilutatud prosciutto, rebitud
- 3 supilusikatäit ekstra neitsioliiviõli
- 1 nael rooskapsast, poolitatud või neljaks lõigatud, kui need on suured
- Koššersool ja värskelt jahvatatud pipar
- 2 spl palsamiäädikat
- 1 jalapeño pipar, seemnetest puhastatud ja tükeldatud
- 1 spl värskeid tüümiani lehti
- 1 tass sidrunibasiiliku pestot
- 4 untsi kitsejuustu, purustatud
- ⅓ tassi riivitud Manchego juustu
- 1 sidruni koor ja mahl

JUHISED:

a) Kuumuta ahi temperatuurini 375 ° F.

b) Aja suur pott soolaga maitsestatud vett kõrgel kuumusel keema. Lisa pasta ja küpseta vastavalt pakendi juhistele al dente. Varu 1 tass pasta keeduvett ja nõruta.

c) Vahepeal lao prosciutto ühtlase kihina küpsetuspaberiga kaetud ahjuplaadile. Küpseta kuni krõbedaks, 8 kuni 10 minutit.

d) Kuni pasta küpseb ja prosciutto küpseb, kuumuta suurel pannil keskmisel kuumusel oliiviõli. Kui õli särab, lisage rooskapsas ja küpseta aeg-ajalt segades kuldpruuniks 8–10 minutit. Maitsesta soola ja pipraga. Alandage kuumust keskmiselt madalale ja lisage äädikas, jalapeño ja tüümian ning küpseta, kuni idud on glasuuritud, veel 1–2 minutit.

e) Tõsta pann tulelt ja lisa nõrutatud pasta, pesto, kitsejuust, manchego, sidrunikoor ja sidrunimahl. Lisage umbes ¼ tassi pasta keeduvett ja segage kastme saamiseks.

f) Lisage 1 supilusikatäis korraga, kuni saavutate soovitud konsistentsi. Maitse ja lisa vajadusel veel soola ja pipart.

g) Jaga pasta ühtlaselt kaheksa kausi või taldriku vahel ja tõsta igale peale krõbe prosciutto.

53. <u>Fettuccine al prosciutto</u>

Valmistab: 4 portsjonit

KOOSTISOSAD:
- 6 untsi Prosciutto
- 4 untsi võid
- 2 supilusikatäit hakitud sibulat
- soola
- Värskelt jahvatatud must pipar
- 1 nael Värske fettuccine
- ⅔ tassi Värskelt riivitud parmesani

a) ERALDI prosciutto rasvased ja lahjad osad. Haki rasv jämedalt; lõika lahja ½-tollisteks ruutudeks.
b) Sulata pannil või.
c) Lisa sibul ja prosciutto rasv ning prae 5 minutit.
d) Nõruta kurnis, kuid mitte liiga põhjalikult: jäta need veidi niiskeks.
e) Tõsta fettuccine kuumutatud serveerimisnõusse. Viska üle kogu praepanni sisuga. Lisa riivjuust ja veel värskelt jahvatatud pipar ning viska uuesti läbi. Puista peale reserveeritud prosciutto ja serveeri kohe.

54. Fettucine männipähklid prosciutto ja päikesekuivatatud tomatid

Valmistab: 2 portsjonit

KOOSTISOSAD:
6 untsi Fettucine; värske
2 supilusikatäit oliiviõli
½ tl küüslauku; hakitud
1 spl männipähklid
1 viil Prosciutto; julienned
2 päikesekuivatatud tomatit; hakitud
½ tassi kanapuljongit
6 basiiliku lehte; julienned
1 spl hakitud parmesani juustu
Sool ja pipar
1 tl Võid
½ tl ingverit; hakitud
Keeda fettutsiini suures potis keevas soolaga maitsestatud vees 1½ minutit pehmeks, nõruta ja tõsta kõrvale.

Kuumuta praepann väga kuumaks ja lisa oliiviõli. Lisa küüslauk, piiniapähklid, prosciutto ja päikesekuivatatud tomatid. Prae kuni piiniapähklid on kuldsed. Lisa kanapuljong, basiilik ja parmesan, kuumuta keemiseni ja vähenda vedelikku poole võrra. Lisa nuudlid ja klopi hästi läbi. Maitsesta maitse järgi soola ja pipraga. Lisa või ja ingver ning sega uuesti läbi. Serveeri kohe.

55. Fettuccine prosciutto ja spargliga

Valmistab: 4 portsjonit

KOOSTISOSAD:
½ naela sparglit, 1-tollisteks tükkideks.
2 spl Võid
½ tassi sibul, hakitud
4 untsi Prosciutto
1 spl Võid
1 spl Jahu
½ tassi koort
1 nael Fettuccine
½ tassi värskelt riivitud Parmesani juustu
Värskelt jahvatatud pipar

Küpseta spargel pehmeks; äravool. Vähendage keeduvett ½ tassini. Sulata või pannil keskmisel kuumusel. Lisa sibul ja küpseta, kuni see lõhnab. Sega hulka prosciutto ja pruunista. Tee jahust ja võist roux; lisa reserveeritud sparglivesi ja koor. Vahusta ja kuumuta, kuni kaste pakseneb. Lisa spargel ja prosciutto ning sega. Vahepeal küpseta pasta. Kui pasta on al dente keedetud, kurna see ja raputa koos kastmega, lisades riivjuust. Serveeri ja lisa maitse järgi värskelt riivitud pipart.

56. <u>Fusilli prosciutto ja hernestega</u>

Valmistab: 1 portsjonit

KOOSTISOSAD:
2 supilusikatäit oliiviõli
2 spl Võid
1 hakitud porgand
1 hakitud sellerivars
1 Väike hakitud sibul
6 õhukest prosciutto viilu – tükeldatud
½ tassi valget veini
2 12 untsi. conta kurnatud tomatid; (Pomi kaubamärk)
1 tass herned
1 nael keedetud fusilli pasta

JUHISED:
Kuumuta suures kastmepotis oliiviõli, või. Lisa hakitud porgand, seller ja sibul. Prae veidi, kuni see on pehme. Lisa prosciutto, valge vein ja kurnatud tomatid. Küpseta umbes 30 minutit madalal kuumusel, et maitsed seguneksid. Viimistle hernestega ja sega ühtlaseks. Vala kuum pasta kastmega. Kaunista värske basiiliku ja parmesani juustuga.

57. Fusilli shiitake, brokkoli rabe ja prosciutto kastmega

Valmistab: 4 portsjonit

KOOSTISOSAD:
- 1 nael Fusilli pasta
- 1 nael brokkoli rabe; kärbitud ja lõigata 1-tollisteks tükkideks

KASTE
- ½ tassi oliiviõli
- ½ tassi hakitud šalottsibul
- 1 küüslauguküüs; hakitud
- 6 untsi Shiitake seeni - (kuni 8 untsi); kärbitud, viilutatud
- 6 untsi Prosciutto või sarnast vinnutatud sinki (kuni 8 untsi); lõika väikesed täringud või ribad
- ½ tl Kuivatatud kuuma punase pipra helbed (1 tl); või maitse järgi
- ⅓ tassi kanapuljongit või puljongit
- 2 spl hakitud värsket peterselli
- 2 spl hakitud värsket murulauku
- 2 spl Värsket estragoni

GARNIS
- Värskelt riivitud parmesani juust; (valikuline)
päikesekuivatatud tomatid; (valikuline)

a) Kõigepealt valmista kaste. Kuumuta pannil õli. Lisa šalottsibul ja küpseta segades 1 minut.

b) Seejärel lisa seened ja küpseta aeg-ajalt segades 5 minutit või kuni seened on kergelt kuldsed.

c) Nüüd segage küüslauk, prosciutto ja punase pipra helbed ning keetke 30 minutit, seejärel lisage kanapuljong või puljong ja hautage 1 minut.

d) Pasta jaoks lase suur pott vett täis keema.

e) Kui vesi on valmis, lisage pasta. Pidage meeles, et alustage keetmist siis, kui vesi läheb uuesti keema, mitte siis, kui lisate pasta.

f) Keeda pasta vastavalt pakendi juhistele, pärast 6-minutilist keetmist lisa keedupastale brokolirabe.

g) Nõruta pasta ja spargelkapsas kurnis ning tõsta serveerimisnõusse. Kalla peale kaste, sega korralikult läbi. Soovi korral kaunista.

58. <u>Pappardelle prosciutto ja hernestega</u>

Valmistab: 1 portsjonit

KOOSTISOSAD:
¼ tassi hakitud prosciutto
1 tass herned
1 tass rasket koort
1 tass pool ja pool
⅓ tassi riivitud Asiago juustu
1 nael Lasanje nuudleid

JUHISED:
Kuumuta suur praepann kuumaks. Lisa hakitud prosciutto ja küpseta umbes kolm minutit, kuni see on pehme, kuid mitte krõbe. Lisa herned ja sega ühtlaseks. Vala juurde raske koor ja pool ja pool. Lisa Asiago juust ja alanda kuumus madalaks. Lase kastmel aeglaselt podiseda viis minutit, sega sageli, et juust sulaks ja koor veidi pakseneks. Maitsesta pipraga. Pappardelle'i valmistamiseks võtke lasanjenuudlid ja lõigake need pikkadeks umbes 1 tolli laiusteks ribadeks. Kastke ribad soolaga maitsestatud keevasse vette ja keetke pehmeks. Serveerimiseks segage keedetud pasta juustukastmega.

59. Pasta basiiliku ja prosciuttoga

Valmistab: 4 portsjonit

KOOSTISOSAD:
1 nael pasta; Penne
1 supilusikatäis oliiviõli
1 küüslauguküüs; Tükeldatud
⅓ naela Prosciutto; Tükeldatud
1 unts värskeid basiiliku lehti
4 supilusikatäit rasvavaba jogurtit; Kuivendatud
sool; Maitsta
Värskelt jahvatatud pipar; Maitsta
Lase suures kastrulis kergelt soolaga maitsestatud vesi keema ja keeda penne al dente.

Pasta küpsemise ajal kuumuta pannil oliiviõli ja prae korraks küüslauku, kuni see hakkab pruunistuma. Lisa tükeldatud prosciutto ja prae kaks või kolm minutit, kuni seegi hakkab pruunistuma. Tõsta pann tulelt.

Nõruta keedetud pasta kurnis ja kalla tagasi kastrulisse.

Sifonaadi basiilik ja lisa see koos prosciutto ja küüslauguga pastale.

Maitsesta ohtralt soola ja pipraga ning viska pasta hulka koostisosade segunemiseks. Lusikaga jogurt kuuma pasta hulka ja sega, kuni see on kergelt kaetud. Tõsta soojendatud nõusse ja serveeri.

60. Prosciutto täidisega pastarullid

Valmistab: 15 portsjonit

KOOSTISOSAD:
- 3 tassi universaalset jahu
- 3 muna
- 3 naela Värske spinat, loputatud ja varrega
- 3 tassi Ricotta juustu
- 3 muna
- 1½ supilusikatäit Värskelt riivitud muskaatpähkel
- 1½ tassi riivitud parmesani juustu
- Sool & värskelt jahvatatud pipar
- ½ tassi pluss 1 T vett
- 1½ supilusikatäit oliiviõli
- 24 Paberõhukesed prosciutto viilud
- 18 untsi Mozzarella juustu, õhukeselt viilutatud
- Oliiviõli
- Päikesekuivatatud tomatite vinaigrette

Pasta jaoks: asetage jahu suurde kaussi. Sega munad, vesi ja õli; lisa jahule ja sega korralikult läbi. Sõtku jahusel pinnal ühtlaseks ja elastseks, umbes 10 minutit. Katke ja laske 15 minutit puhata.

Täidiseks: Aseta spinat tugevasse suurde pannile keskmisel kuumusel.

Katke ja küpseta aeg-ajalt segades, kuni see närbub. Äravool. Pigista kuivaks. Tükelda spinat. Sega suures kausis ricotta, munad ja muskaatpähkel. Sega hulka spinat ja parmesan. Maitsesta soola ja pipraga.

Lõika ⅓ taignast ära. Rulli kergelt jahusel pinnal võimalikult õhukeseks. Kärbi 18x11-tolliseks ristkülikuks. Määri üle ⅓ spinati seguga, jättes igast küljest ½-tollise äärise. Kata täidis 8 prosciutto viiluga, seejärel ⅓ mozzarellaga. Voldi 1 tolli igast pikemast küljest täidise peale. Pintselda lühikeste otste servad veega. Alustades 1 lühikesest otsast, rullige pasta tarretisrullimoodi. Mähi marli sisse ja seo kuju hoidmiseks nööriga kinni. Korrake ülejäänud taigna ja täidisega.

Lase pliidi peal suurel röstimispannil 2 tolli vett keema. Lisa pastarullid. Alanda kuumust, kata kaanega ja hauta 35 minutit.

2 spaatliga eemaldage rullid ja jahutage. Eemaldage õrnalt nöör ja marli. Mässi tihedalt kinni ja pane üleöö külmkappi.

Lõika pastarullid ½ tolli paksusteks viiludeks. Laota vaagnale. Pintselda oliiviõliga. Serveeri toatemperatuuril koos päikesekuivatatud tomatite vinegretiga.

61. <u>Peopasta prosciuttoga</u>

Valmistab: 6 portsjonit

KOOSTISOSAD:
1 pakk (12 untsi) spinati fettuccine
½ tassi võid; jagatud
2 tassi õhukesed prosciutto ribad; (umbes 1/3 naela)
5½ tassi vahukoort
1 purk (14 untsi) artišokisüdamed; nõruta ja lõika pooleks
½ tassi hakitud värsket või külmutatud murulauku

Keeda pasta vastavalt pakendi juhistele; äravool. Sulata ¼ tassi võid Hollandi ahjus keskmisel kuumusel. Lisa prosciutto; pruunista pruuniks. Äravool.
Kõrvale panema.
Sulata ülejäänud ¼ tassi võid Hollandi ahjus keskmisel kuumusel. Lisa keedetud pasta, vahukoor, artišokisüdamed ja ¼ tassi murulauku; viska õrnalt.
Tõsta serveerimisvaagnale; puista peale prosciutto ja ülejäänud murulauk.
Serveeri kohe.

62. Tortellini herneste ja prosciuttoga

Valmistab: 4 portsjonit

KOOSTISOSAD:
15 untsi Tortellini; juust
1½ tassi vahukoort
1 x muskaatpähkel; värskelt riivitud näputäis
6 supilusikatäit parmesani; värskelt riivitud
¾ tassi herned; külmutatud pisikesed sulatatud
1½ untsi Prosciutto; rasvast kärbitud lõige
1 x sool ja värskelt jahvatatud pipar

Keeda tortellini suures potis keevas soolaga maitsestatud vees vaevu pehmeks, aeg-ajalt segades, et vältida kleepumist. Nõruta korralikult.

Samal ajal lase koor paksus suures kastrulis keema. Vähendage kuumust.

Lisa muskaatpähkel ja hauta kuni veidi pakseneb, umbes 8 minutit.

Pange tortellini potti tagasi. Lisa soe koor, parmesan, herned ja prosciutto. Hauta tasasel tulel, kuni tortellini on pehme ja kaste pakseneb, aeg-ajalt segades umbes 4 minutit. Maitsesta soola ja pipraga. Jaga nelja sooja kausi vahel ja serveeri.

SALATID JA KÜLGID

63. <u>Melon Prosciutto salat</u>

KOOSTISOSAD:

- 1/2 küpset kantaluupi
- 1/2 küpset meekastet
- 8 untsi prosciutto

a) Seemne ja koorige melonid ning lõigake need 1-tollisteks tükkideks (või kasutage melonit).

b) Tükelda prosciutto, viska kõik kokku ja serveeri.

64. Rukola salat ja austriseened

Mark: 4-6

KOOSTISOSAD:

- 3 supilusikatäit ekstra neitsioliiviõli
- ½-naela austri seened, paksult viilutatud
- Sool ja värskelt jahvatatud pipar
- 2 spl palsamiäädikat
- ½ tl peeneks riivitud sidrunikoort
- 2 sisemist selleriribi, tikutopsideks lõigatud, pluss julieneeritud sellerilehti kaunistuseks
- 5 tassi beebi rukolat
- 3 untsi Pecorino Romano või muud teravat juustu, raseeritud köögiviljakoorijaga
- 3 untsi õhukeselt viilutatud Parma prosciutto

JUHISED:

a) Kuumuta suurel mittenakkuval pannil 1 supilusikatäis oliiviõli. Lisa seened ning maitsesta soola ja pipraga.

b) Küpseta mõõdukalt kõrgel kuumusel, aeg-ajalt segades, kuni see on pehme ja kergelt pruunistunud, umbes 6 minutit. Tõsta seened kaussi ja lase jahtuda.

c) Vahusta suures kausis äädikas sidrunikoore ja ülejäänud 2 spl oliiviõliga. Maitsesta soola ja pipraga. Lisa selleri tikud, rukola ja seened ning sega õrnalt läbi.

d) Tõsta salat suurele vaagnale või kaussi, tõsta peale Pecorino Romano, prosciutto ja sellerilehed. Serveeri kohe.

65. Viigimarja-, singi- ja nektariinisalat veinisiirupis

Valmistab: 1 portsjon

KOOSTISOSAD:
- ½ tassi kuiva valget veini
- ½ tassi vett
- ¼ tassi suhkrut
- 2 pinti Värsked rohelised ja/või lillad viigimarjad; tüvestatud
- 2 suurt küpset nektariini
- ¼ naela) tükk singi või prosciutto, lõigatud ribadeks
- Kaunistuseks piparmündioksi ja/või värskeid viinamarjalehti

JUHISED:
a) Keeda väikeses potis veini ja vett suhkruga, kuni suhkur on lahustunud, umbes 3 minutit, ja eemalda pann tulelt. Jahutage veinisiirup veidi ja jahutage. Veinisiirupit võib valmistada 1 nädal ette ja jahutada, katta.

b) Poolita viigimarjad ja lõika nektariinid õhukesteks viiludeks. Viska kausis õrnalt puuviljad singi või prosciutto ja poole veinisiirupiga.

c) Laota salat vaagnale ja vala peale ülejäänud veinisiirup. Kaunista salat mündi ja/või viinamarjalehtedega.

66. Röstitud rohelised oad prosciuttoga

Valmistab: 2

KOOSTISOSAD:
- ⏹4 prosciutto viilu
- ⏹¼ naela rohelisi ube, otsad kärbitud
- ⏹1 väike kollane sibul, viilutatud
- ⏹1 spl rapsiõli

JUHISED:
a) Eelsoojendage oma Digital Air Fryer Oven mõneks minutiks temperatuurini 350 °F.
b) Asetage prosciutto ninja-ahju korvi ja KÜPSETAGE seda 5 minutit temperatuuril 390 °F.
c) Võtke kauss ja segage ülejäänud koostisosad.
d) Võtke prosciutto ahjust välja.
e) Pange köögiviljad ahjukorvi ja prae neid veel 15 minutit.
f) Murenda prosciutto ja puista see röstitud roheliste ubade peale.
g) Nautige.

67. Sparglisse pakitud prosciutto

KOOSTISOSAD:
- 18 sparglit, kärbitud
- 6 viilu prosciutto, viilutatud pikkadeks õhukesteks ribadeks

JUHISED:
a) Rulli iga prosciutto riba ümber spargli oda.
b) Asetage fritüüri korvi ja küpseta 180ºC juures 7 minutit.

68. Antipasto salat

KOOSTISOSAD:
- 1 suur pea või 2 südant hakitud rooma pähklit
- 4 untsi ribadeks lõigatud prosciutto
- 4 untsi salaami või pepperoni kuubikuteks
- ½ tassi viilutatud artišokisüdameid
- ½ tassi oliivide segu mustast ja rohelisest
- ½ tassi marineeritud või röstitud kuuma või magusat paprikat
- Itaalia kaste maitse järgi

JUHISED:
a) Kombineeri kõik koostisosad suures salatikausis.
b) Viska üle Itaalia kastmega.

69.   Antipasto suupistekarp kahele

KOOSTISOSAD:
- 2 untsi õhukeseks viilutatud prosciutto
- 2 untsi salaami, kuubikutena
- 1 unts gouda juustu, õhukeselt viilutatud
- 1 unts parmesani juustu, õhukeselt viilutatud
- ¼ tassi mandleid
- 2 supilusikatäit rohelisi oliive
- 2 supilusikatäit musti oliive

JUHISED:
a) Asetage prosciutto, salaami, juustud, mandlid ja oliivid toiduvalmis
b) Katke ja hoidke külmkapis kuni 4 päeva.

70. Viigimarja ja prosciutto salat

Valmistab: 2

KOOSTISOSAD:
- 1 tosin värsket California viigimarja
- 4 untsi viilutatud prosciutto
- 4 untsi Manchego juustu
- 2 peotäit metsiku rukola raketti
- 1/4 tassi marineeritud oliive
- 1 spl viigimarja-palsamiäädikat või muud kvaliteetset palsamiäädikat
- 1 spl oliiviõli
- soola ja pipart maitse järgi

JUHISED:
a) Pese viigimarjad, varre ja neljanda. Ühtlane ruumi suurel tahvlil või kandikul.

b) Rebi iga prosciutto viil pooleks ja aseta viigimarjadega lauale.

c) Raseerige Manchego juust köögiviljakoorijaga õhukesteks viiludeks ning puistake viigimarjade ja juustu peale. Tõsta peale oliivid ja rukola.

d) Püüdke olla iga eseme paigutuse osas kaval. See ei ole üle viskatud salat ja peaks välja nägema juhuslikult elegantne. Nirista salati pealt üle palsamiäädika ja õliga. Puista maitse järgi soola ja pipart ning serveeri kohe.

71. Greibi, avokaado ja prosciutto hommikusalat

KOOSTISOSAD:
- 1 väike rubiinpunane greip
- 2 tassi tükeldatud nahata, kondita kanarinda
- ¾ tl tumedat seesamiõli
- ⅛ tl värskelt jahvatatud musta pipart
- Natuke koššersoola
- 1 tass mikrorohelist, beebi rukolat või rebitud salatit
- ½ küpset kooritud avokaadot, õhukesteks viiludeks
- ¾ tassi värskeid ananassi tükke
- 1/2 tassi hakitud Granny Smithi õuna
- ¼ tassi porgandit
- 1/4 tassi Edamame
- 1 väga õhuke prosciutto viil
- järele jäänud Hummus
- 3 spl hakitud röstitud sarapuupähkleid
- mitme seemnega kreekerid

JUHISED:
a) Koorige greip; lõigake greipfruudist keskmise kausi kohal lõigud. Pigistage membraane, et eraldada umbes 1 spl mahla.

b) Pange osad kõrvale. Lisa vispliga segades mahlale õli, pipar ja sool. Lisage rohelisi; viska mantlile.

c) Aseta taldrikule rohelised; peal greibi lõigud, avokaado, ananass, edamame, porgandid ja prosciutto.

d) Serveeri Hummuse, sarapuupähklite ja mitmeseemneliste kreekeritega.

72. Röstitud maguskartuli ja prosciutto salat

KOOSTISOSAD:
- Mesi 1 tl
- Sidrunimahl 1 spl
- Roheline sibul (jagatud ja viilutatud) 2
- Magus punane pipar (peeneks hakitud) 1/4 tassi
- Pekanipähklid (hakitud ja röstitud) 1/3 tassi
- Redis (viilutatud) 1/2 tassi
- Prosciutto (õhukeseks viilutatud ja julieneeritud) 1/2 tassi
- Pipar 1/8 teelusikatäit
- 1/2 tl soola (jagatud)
- 4 supilusikatäit oliiviõli (jagatud)
- 3 keskmist maguskartulit (kooritud ja 1-tollisteks kuubikuteks lõigatud)

a) Kuumuta ahi temperatuurini 400 kraadi F. Asetage bataadid võiga määritud ahjupannile (15x10x1 tolli).

b) Nirista 2 supilusikatäit õli ja puista peale 1/4 tl soola ja pipart ning viska korralikult läbi. Rösti pool tundi ja ikka perioodiliselt.
c) Puista prosciutto bataadile ja rösti seda 10–15 minutit, kuni bataat on pehme ja prosciutto muutunud krõbedaks.
d) Tõsta segu suurde kaussi ja lase veidi jahtuda.
e) Lisa pool rohelisest sibulast, punane pipar, pekanipähklid ja redis. Võtke väike kauss, vahustage sool, ülejäänud õli, mesi ja sidrunimahl hästi segunemiseni.
f) Nirista see salatile; viska korralikult kombineerida. Puista peale ülejäänud roheline sibul.

73. Grillitud veiseliha prosciutto salat

Valmistab: 1 portsjon

KOOSTISOSAD:
- ½ tassi oliiviõli
- 3 küüslauguküünt; jämedalt kuubikuteks lõigatud
- 4 oksakest rosmariini
- 8 untsi; veise sisefilee
- Sool ja värskelt jahvatatud must pipar
- 2 sidrunit; grillitud
- 1 supilusikatäis jämedalt tükeldatud šalottsibul
- 1 spl Värske rosmariin jämedalt tükeldatud
- 3 grillitud küüslauguküünt
- ½ tassi oliiviõli
- Sool ja värskelt jahvatatud pipar
- 8 tassi kuubikuteks lõigatud rooma salatit
- Grillitud sidruni-grillitud küüslauguvinegrett
- 8 segmenti Prosciutto; julienned
- 12 sibulat; grillitud ja kuubikuteks lõigatud
- 2 punast tomatit; kuubikuteks lõigatud
- 2 kollast tomatit; kuubikuteks lõigatud
- 1½ tassi purustatud gorgonzolat
- Grillitud veise sisefilee; kuubikuteks lõigatud
- 4 kõvaks keedetud muna; kooritud ja kuubikuteks lõigatud
- 2 Haas avokaadot; kooritud, kivideta
- Tükeldatud murulauk
- 8 grillitud küüslauguküünt
- 2 pulgad soolamata võid; pehmendatud
- Sool ja värskelt jahvatatud pipar
- 16 segmenti itaalia leib; Segmenteeritud 1/4-tolline
- ¼ tassi peeneks hakitud peterselli
- ¼ tassi peeneks tükeldatud pune

JUHISED:

a) Sega väikeses madalas ahjuvormis õli, küüslauk ja rosmariin. Lisa veiseliha ja sega katteks. Kata kaanega ja hoia vähemalt 2 tundi või üleöö külmkapis. Lase enne grillimist 30 minutit toatemperatuuril seista

b) Kuumuta grill. Võtke veiseliha soolveest välja, maitsestage maitse järgi soola ja pipraga ning küpsetage 4–5 minutit mõlemalt poolt, et see oleks mõõdukalt haruldane.

74. Artišokisüdamed ja prosciutto

Valmistab: 1 portsjonit

KOOSTISOSAD:
14 untsi Purgi artišokisüdamed, nõrutatud
⅓ naela Prosciutto, õhukeseks viilutatud paber
¼ tassi oliiviõli
½ tl kuivatatud tüümiani
½ tl Peeneks riivitud apelsinikoort
Värskelt jahvatatud pipar

a) Mähi iga artišokisüda prosciutto viilu sisse ja kinnita hambatikuga.
b) Vahusta eraldi kausis oliiviõli, tüümian, apelsinikoor ja pipar.
c) Serveeri toatemperatuuril.

75. Apteegitill seente ja prosciuttoga

Valmistab: 8 portsjonit

KOOSTISOSAD:

- 8 pead apteegitilli
- 1¼ c kanapuljongit
- ¾ c valget veini, kergelt magus
- 1 nael viilutatud seeni
- 2 untsi prosciutto, õhukeselt viilutatud: ja hakitud

a) Lõika ära apteegitilli varred ja sulgjad rohelised. Reserveerige sulelised rohelised, hakkides neid ¼ tassi valmistamiseks. (Kui valmistate ette, jahutage 2 supilusikatäit hakitud rohelisi ja ülejäänud sulelisi oksi, et neid serveerimisel vaagna kaunistamiseks kasutada.) Reserveerige apteegitilli varred suppide või puljongide valmistamiseks.

b) Lõika sibuladelt pruunid laigud; asetage ühe kihina 5–6-liitrisele pannile. Vala neile puljong ja vein; katke kaanega ja laske kõrgel kuumusel keema tõusta, seejärel hautage, kuni apteegitill on läbitorkamisel väga pehme, 35–45 minutit.

c) Tõsta kõrvale, kuni see on käsitsemiseks piisavalt jahtunud: reservi keeduvedelik.

d) Apteegitilli küpsemise ajal segage seened, prosciutto ja 2 supilusikatäit hakitud apteegitilli rohelisi 8–10-tollisel mittenakkuval pannil.

e) Katke ja küpseta keskmisel kõrgel kuumusel, kuni seened eritavad mahla, umbes 7 minutit.

f) Katke ja küpseta sageli segades, kuni vedelik aurustub ja seened on pruunistunud, umbes 15 minutit; kõrvale panema.

g) Kühveldage väikese noa ja terava servaga lusikaga apteegitilli sibulate sisemine osa välja, nii et teil oleks ¼ tolli paksune kest, mis jätab kestad puutumata.

h) Lusikaga seenesegu võrdselt sibulatesse. Asetage sibulad küpsetusnõusse, mis on piisavalt suur, et hoida neid ühes kihis. Tõsta neile lusikaga reserveeritud keeduvedelikku.

i) Küpsetage täidetud apteegitilli sibulaid kaanega 375F/190C ahjus 15 minutit; avage kaas ja jätkake küpsetamist, kuni see on kuum, veel umbes 10 minutit (20 minutit, kui see on eelnevalt valmistatud ja jahutatud).

j) Tõsta sibulad serveerimisvaagnale; puista kergelt peale ülejäänud hakitud apteegitillirohelist ja kaunista vaagen apteegitilli okstega.

76. Mango ja prosciutto

Valmistab: 50 portsjonit

KOOSTISOSAD:

- ½ naela Õhukeseks viilutatud prosciutto
- 5 küpset mangot, kooritud ja 1-tollisteks tükkideks lõigatud
- Lisandiks laimiviilud

Jagage iga prosciutto viil neljandikku ja mässige iga veerand mangotüki ümber, kinnitades selle puidust nokaga. Aseta suupisted jahutatud vaagnale ja serveeri koos laimiviiludega.

77. Boconcini grillitud suvikõrvitsasalati ja prosciuttoga

Valmistamine: 1 portsjon

KOOSTISOSAD:
- 1 nael Bocconcini; väikesed mozzarella pallid
- 3 supilusikatäit ekstra neitsioliiviõli; pluss 3 supilusikatäit
- 1 spl hakitud värskeid tüümiani lehti
- 1 spl hakitud värskeid pune lehti
- ¼ teelusikatäit purustatud punaseid tšillihelbeid
- Sool ja pipar maitse järgi
- 2 keskmist suvikõrvitsat, umbes 1 nael, pikuti viilutatud
- 1 sidruni koor
- 1 hunnik murulauku, otsad eemaldatud
- 2 keskmist ploomtomatit, lõigatud 1/4-tollisteks kuubikuteks
- 2 spl punase veini äädikat
- 1 hunnik Itaalia peterselli, peeneks hakitud
- ¼ naela Prosciutto, lihuniku poolt õhukeseks viilutatud paber

Tühjendage bocconcini vedelik, mille sees oli. Pange segamisnõusse suvikõrvits, 3 spl ekstra neitsioliiviõli, tüümian, pune, purustatud punased tšillihelbed ning sool ja pipar. Pange kõrvale vähemalt 1 tund.

Aseta suvikõrvitsaviilud grillile ja küpseta pehmeks, kuid mitte päris pehmeks. Eemaldage grillilt ja asetage keskmisesse kaussi. Lisa sidrunikoor, terve murulauk, ploomtomati tükid, äädikas ja hakitud petersell. Viska õrnalt suvikõrvitsa katteks ja jaga 4 taldrikule. Aseta iga suvikõrvitsahunniku peale 3 bocconcinit ja tõsta kõrvale. Asetage kõik prosciutto otse üksteise peale ja lõigake viil tikutopsiga julienneks. Puista peale mozzarella ja suvikõrvits ning serveeri kohe.

PIZZA

78. Proscuitto ja rukola pitsa

KOOSTISOSAD:

- 1 nael pitsatainas, toatemperatuuril, jagatud
- 2 spl oliiviõli
- 1/2 tassi tomatikastet
- 1 1/2 tassi hakitud mozzarella juustu (6 untsi)
- 8 õhukest prosciutto viilu
- Paar suurt peotäit rukolat

JUHISED:

a) Kui sul on pitsakivi, siis aseta see ahju keskele restile. Kuumutage ahju vähemalt 30 minutiks temperatuurini 550 °F (või ahju maksimaalse temperatuurini).

b) Kui tõstad pitsa ahju kivile, pane korralikult jahuga kaetud koorele või lõikelauale. Vastasel juhul pange kokku pinnale, millel küpsetate (pärgamentpaber, küpsetusplaat jne). Töötades ühe taignatükiga korraga, rullige või venitage see 10–12-tolliseks ringiks.

c) Pintselda taigna servad 1 spl oliiviõliga. Määri pool tomatikastmest ülejäänud taignale.

d) Puista peale umbes 1/4 juustust. Lao 4 prosciutto viilu nii, et need kataks ühtlaselt taigna. Puista peale veel 1/4 juustust.

e) Küpsetage pitsat umbes 6 minutit temperatuuril 550 °F, kuni servad on kergelt pruunistunud ja juust on kihiline ja pruunistunud.

f) Tõsta ahjust lõikelauale, puista peale pool rukolast, lõika ja serveeri kohe.

g) Korrake ülejäänud taigna ja lisanditega.

79.   <u>Four Seasons Pizza/Quattro Stagioni</u>

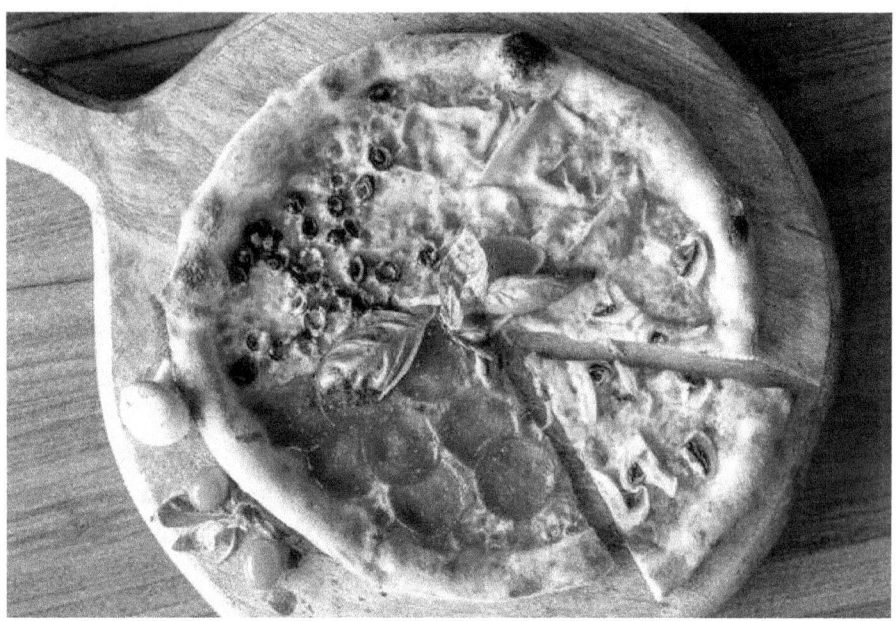

Valmistab: 1 suur pizza

KOOSTISOSAD:
- 1 retsept traditsioonilise Itaalia põhitaigna jaoks
- Mozzarella, 6 untsi, viilutatud
- Prosciutto, 3 untsi, viilutatud
- Shiitake seen, üks tass, viilutatud
- Oliivid, ½ tassi, viilutatud
- Pitsakaste, pool tassi
- Neljandad artišokisüdamed, Üks tass
- Riivitud Parmigiana, 2 untsi

JUHISED:
a) Vormige tainas 14-tollise läbimõõduga ringiks. Tehke seda äärtest kinni hoides ja ettevaatlikult tainast keerates ja venitades.
b) Määri tainas pitsakastmega.
c) Jaota peale mozzarellaviilud ühtlaselt.
d) Hiljem artišokisüdamed, prosciutto, seened ja oliivid nelja neljandiku pitsast.
e) Laota peale riivitud Parmigiana.
f) Grilli/küpseta 18 minutit.

80. <u>New Orleansi stiilis pizza</u>

Valmistab: 1 suur pizza

KOOSTISOSAD:
- 1 pitsakoor
- Küüslauk, 2 nelki, hakitud
- Mustad kivideta oliivid, 8
- Riivitud Parmesani juust, 2 untsi
- kivideta rohelised oliivid, 8
- Viilutatud prosciutto, 4 untsi
- Sibul, 2 supilusikatäit, hakitud
- Kuivatatud pune, pool teelusikatäit
- Tükeldatud värske basiilik, 6 lehte
- Salaami, 2 untsi, viilutatud
- Mozzarella juust, kaks untsi
- Tükeldatud seller, 2 spl
- Värske petersell, Üks supilusikatäis, hakitud
- Oliiviõli, 2 supilusikatäit
- Sool ja purustatud must pipar
- Oliiviõli, Üks supilusikatäis
- Küüslaugupulber, ½ teelusikatäit
- Provolone juust, kaks untsi
- Viilutatud mortadella, kaks untsi

JUHISED:
a) Blenderda kõik koostisosad, välja arvatud juust.
b) Kata pitsa seguga.
c) Küpseta umbes 5 minutit temperatuuril 500 kraadi F.
d) Pane peale juust ja prae umbes 5 minutit. Viiluta ja serveeri.

81.   <u>Artišokk & Prosciutto Pita Pizza</u>

Valmistab: 4 pitsat

KOOSTISOSAD:
- Tükeldatud artišokisüdamed
- Punane sibul, viilutatud
- Hakitud mozzarella juust, üks tass
- Värske basiilik, kaunistuseks
- Prosciutto
- Röstitud punase pipra kaste, üks tass
- Parmesani juust, pool tassi, riivitud
- Röstitud punane paprika

JUHISED:
a) Kuumuta ahi temperatuurini 450 kraadi Fahrenheiti järgi.
b) Pintselda iga pita mõlemalt poolt kergelt oliiviõliga.
c) Kandke iga pita peale punase pipra kaste ja hakitud mozzarella.
d) Kõige peale lisa sool, parmesan ja veel peeneks hakitud lisandid.
e) Küpseta 5 minutit ja serveeri värske basiilikuga.

a) Prosciutto ja rukola pitsa

Valmistab: 1 suur pizza

KOOSTISOSAD:

- 1 retsept traditsioonilise Itaalia põhitaigna jaoks
- Prosciutto, 2 untsi
- Pitsakaste, veerand tassi
- Balsamiäädikas, Üks supilusikatäis
- Mozzarella, 3 untsi, viilutatud
- Rukola lehed, pool tassi

JUHISED:

a) Vormige tainas 14-tollise läbimõõduga ringiks. Tehke seda äärtest kinni hoides ja ettevaatlikult tainast keerates ja venitades.

b) Määri pitsakaste ühtlaselt taignale.

c) Aseta mozzarellaviilud pitsa peale ühtlaselt ritta.

d) Kata pitsa rukola lehtedega ja viimistle prosciutto ribadega.

e) Grilli/küpseta 15 minutit.

f) Jahuta ja nirista seejärel enne viilutamist palsamiäädikaga.

82. Korjake kõrvitsat ja õunapitsat

Valmistab: 4

KOOSTISOSAD:

- 1 spl ekstra neitsioliiviõli, lisaks veel määrimiseks
- 2 šalottsibulat, õhukeselt viilutatud
- ½ naela sõtkumata leiba ja pitsataigen
- 2 spl õunavõid
- 1 krõbe õun, õhukeselt viilutatud
- 1 tass riivitud mozzarella juustu
- ½ tassi hakitud teravat Cheddari juustu
- ½ väikest kõrvitsat, aedviljakoorijaga ribadeks raseeritud
- 8 värsket salveilehte
- 3 untsi õhukeseks viilutatud prosciutto, rebitud
- Koššersool ja värskelt jahvatatud pipar
- Purustatud punase pipra helbed
- 2 untsi sinihallitusjuustu, purustatud (valikuline)
- Kallis, tilgutamiseks
- Serveerimiseks värsked tüümianilehed

JUHISED:

a) Kuumuta ahi 450 ° F-ni. Määri küpsetusplaat.

b) Kuumuta 1 supilusikatäis oliiviõli keskmisel pannil kõrgel kuumusel. Kui õli särab, lisage šalottsibul ja küpseta 2–3 minutit, kuni see lõhnab. Eemaldage pann tulelt.

c) Rulli tainas kergelt jahusel tööpinnal ¼ tolli paksuseks. Tõsta tainas ettevaatlikult ettevalmistatud küpsetusplaadile.

d) Määrige taignale õunavõi, jättes 1-tollise äärise. Lisa praetud šalottsibul ja õunaviilud.

e) Laota peale mozzarella ja cheddar, seejärel tõsta peale kõrvits, salvei ja prosciutto. Maitsesta pitsa näputäie soola, pipra ja punase pipra helvestega ning puista peale sinihallitusjuustu (kui kasutad).

f) Küpseta, kuni koorik on kuldne ja juust sulanud, 10–15 minutit. Nirista peale mett ja puista lõpetuseks tüümiani. Viiluta ja serveeri.

83. Mikrolehtede Pesto & Rukola Pizza

Mark: 6

KOOSTISOSAD:
- 1 pitsa tainas
- 6 supilusikatäit mikrorukola ja sidruni pestot
- 1 tass Mozzarellat
- 1 tass kirsstomateid
- 4 untsi Prosciutto
- 1 tass Lemon Microgreens
- Must pipar

JUHISED:
a) Tõsta tainas korralikult jahuga kaetud pinnale.

b) Puista peale veidi jahu ja jaga 2 tükiks.

c) Rulli 2 palliks ja seejärel venita tainas.

d) Jahutage sõrmed ja seejärel vormige tainas ringikujuliseks.

e) Soovi korral lisage mikrorukola- ja sidrunipestot, veidi värsket mozzarellat, paar viilu värsket kirsstomatit, prosciuttot ja värsket pipart.

f) Küpseta pitsat eelkuumutatud ahjus kõrgeimal temperatuuril, umbes 500 °F juures 10–15 minutit, kuni lisandid näevad välja röstitud ja küpsed ning koorik on kuldne.

84. Ürdil grillitud pitsa prosciuttoga

Valmistab: 4 portsjonit

KOOSTISOSAD:
- ¼ tassi hakitud värsket peterselli
- 2 spl hakitud värsket pune
- 1 nael pitsatainast
- Maisijahu
- 2 supilusikatäit oliiviõli
- 2½ tassi hakitud Fontina juustu (1/2 naela)
- ⅔ tassi tomatikastet
- ¼ tassi hakitud värsket basiilikut
- 6 Õhukesed prosciutto või sinki viilud, jämedalt hakitud

Sõtku kergelt jahusel pinnal petersell ja pune ühtlaseks jaotumiseks. Lõika pooleks ja vormi pallid; katke ja laske 15 minutit puhata. Rullige iga pall õhukeseks, et saada 12-tolline ümmargune.

Asetage iga pitsaring maisijahuga tolmutatud pitsapannile; pintselda veidi õliga. Puista peale juust ühtlaselt; lusikaga juustu peale tomatikastet. Nirista peale ülejäänud õli.

Asetage 500°F ahju või kaetud võiga määritud grillile keskmisel-kõrgel kuumusel; küpseta umbes 12 minutit või kuni koorik on krõbe ja juust sulanud ja mullitav. Puista peale basiilik ja prosciutto.

85. Viigimarja-prosciutto pitsa

Valmistab: 1 portsjonit

KOOSTISOSAD:
- 2 vooru viigimarja pitsatainast
- maisijahu; piserdamiseks
- 2 tl Oliiviõli
- ½ tl hakitud küüslauku
- 2 Näputäis jämedat soola
- 2 näputäis värskelt jahvatatud musta pipart
- 1 tl hakitud värskeid rosmariini lehti
- ½ tassi viigimarjamoosi;
- 4 untsi Gorgonzola juustu; sisse varisenud
- Hernetera suurused tükid
- 3 untsi Õhukeseks viilutatud prosciutto
- 1 sibul; õhukeselt viilutatud pikisuunas

Tund enne küpsetamist aseta küpsetuskivi ahju ja kuumuta 500 kraadini.

Rulli üks pitsatainas võimalikult õhukeseks. Aseta see maisijahuga üle puistatud pitsakoorele. Katke pind 1 tl õli, ¼ tl hakitud küüslaugu, 1 näputäie soola ja pipraga ning ½ tl hakitud rosmariiniga. Jätke kindlasti katmata 1 tolli laiune välishuul. Määri pitsale ühtlaselt ¼ tassi viigimarjamoosi ja 2 untsi Gorgonzola juustu. Kõige peale pool prosciuttost.

Raputage mõla kergelt ja libistage pitsa küpsetuskivile. Küpseta kuni pruunistumiseni, umbes 6–7 minutit. Tõsta tugevale pinnale ja lõika viiludeks. Serveeri kohe, kaunistatuna poole viilutatud talisibulaga.

Korrake ülejäänud taignaga.

86. Tuunikala pitsa caponata ja prosciuttoga

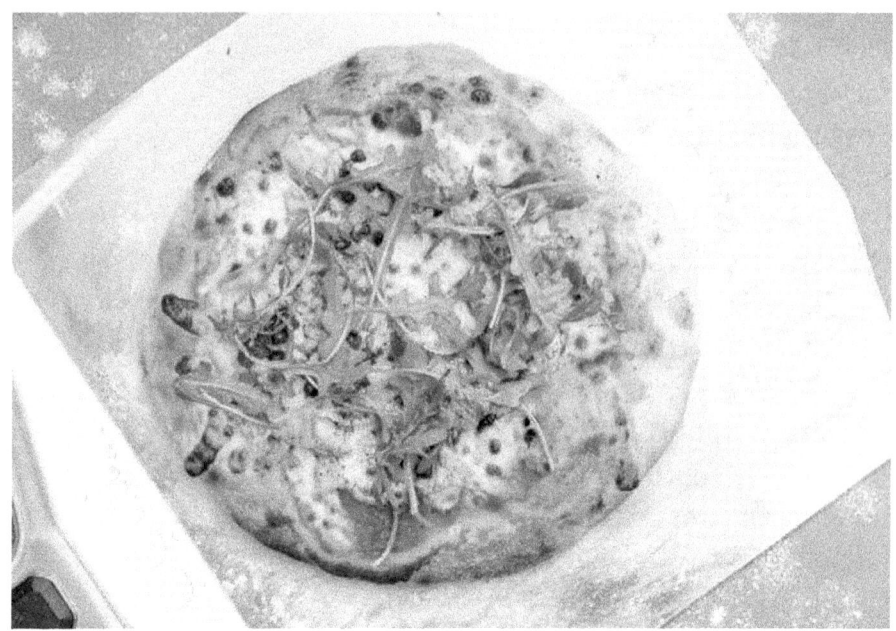

Valmistab: 4 portsjonit

KOOSTISOSAD:
1 12-tolline Itaalia leivakoor pitsa jaoks
1 tl Oliiviõli
1 purk (7 1/2 untsi) caponata
1 purk (6 untsi) valget tuunikala; nõrutatud ja tükeldatud
8 viilu (1 unts) prosciutto
2 ploomtomatit; viilutatud 1/4, kuni 3
1 tass purustatud fetajuustu
1 tass riivitud mozzarella juustu
Purustatud punane pipar

1. Asetage leivakoor fooliumiga kaetud ahjuplaadile; pintselda servani õliga.
2. Laotage caponata servast 1 tolli täpsusega.
3. Tõsta peale tuunikala, prosciutto, tomatid, feta ja mozzarella juustud.
4. Küpseta 450-kraadises F ahjus 10–12 minutit või kuni juustud on sulanud ja pitsa läbi kuumenenud. Jahuta 1 minut enne viilutamist. Serveeri soovi korral purustatud punase pipraga.

87. Prosciutto-tomati pitsa

Valmistab: 12 portsjonit

KOOSTISOSAD:
- 1 purk tomatikastet; (8 untsi)
- 1 tl Itaalia maitseainet
- 1 küüslauguküünt; peeneks hakitud
- 3 tassi hakitud mozzarella või fontina juustu; (12 untsi)
- 1 väike sibul; õhukeselt viilutatud ja rõngasteks eraldatud
- ¼ tassi riivitud parmesani juustu
- 2 spl Tükeldatud värske või
- 2 tl kuivatatud basiiliku lehti
- ½ naela Prosciutto
- 2 suurt ploomtomatit

KOORIK
- 1 pakk Aktiivne kuivpärm
- 1 tass sooja vett; (105 kuni 115 f)
- 2½ tassi universaalset jahu
- 2 supilusikatäit oliivi- või taimeõli
- 1 tl Suhkur
- 1 tl Sool

Asetage ahjurest madalaimasse asendisse. Määri 2 küpsiselehte või 12-tollist pitsapanni. Kuumuta ahi temperatuurini 425 F. Valmistage koorik. Sega tomatikaste, Itaalia maitseaine ja küüslauk. Lõika prosciutto või täielikult keedetud suitsusink julienne'i ribadeks (2 x ¼ X ⅛ tolli). Jaga tainas pooleks. Patsutage jahuga ülepuistatud sõrmedega kumbki pool küpsiseplaadile 11-tolliseks ringiks. Tõsta peale tomatikastmesegu, sibul ja Fontina juust. Puista peale basiilik, prosciutto ja ploomtomatid (jämedalt hakitud). Tõsta peale parmesani juust.

Küpseta üks pitsa korraga 15–20 minutit või kuni koorik on kuldpruun.

MAGUSTOIT

88. Võised sarvesaiad prosciuttoga

Mark: 8

KOOSTISOSAD:

- 3 spl soolavõid õhukesteks viiludeks, lisaks veel määrimiseks
- 6 sarvesaia, jämedalt kolmandikuks rebitud
- 8 suurt muna
- 3 tassi täispiima
- 1 spl Dijoni sinepit
- 1 spl hakitud värsket salvei
- ¼ tl värskelt riivitud muskaatpähklit
- Koššersool ja värskelt jahvatatud pipar
- 12 untsi külmutatud spinatit, sulatatud ja kuivaks pressitud
- 1½ tassi riivitud Gouda juustu
- 1½ tassi hakitud Gruyère'i juustu
- 3 untsi õhukeseks viilutatud prosciutto, rebitud

JUHISED:

a) Kuumuta ahi temperatuurini 350 °F. Määrige 9 × 13-tolline küpsetusvorm.

b) Laota sarvesaiad ahjuvormi põhja ja kata need viilutatud võiga. Küpseta kuni kergelt röstitud, 5 kuni 8 minutit. Eemaldage ja laske pannil jahtuda, kuni see pole enam puudutamisel kuum, umbes 10 minutit.

c) Klopi keskmises kausis kokku munad, piim, sinep, salvei, muskaatpähkel ning näputäis soola ja pipart. Segage spinat ja ¾ tassi iga juustu. Kalla segu ettevaatlikult röstitud sarvesaiadele, jaotades ühtlaselt. Pea peale ülejäänud juust ja viimistlemiseks lisa prosciutto. Kata kaanega ja pane külmkappi vähemalt 30 minutiks või üleöö.

d) Kui olete küpsetamiseks valmis, eemaldage kihid külmkapist ja soojendage ahi temperatuurini 350 °F.

e) Küpseta, kuni kihtide keskosa on hangunud, umbes 45 minutit. Kui sarvesaiad hakkavad pruunistuma enne, kui kihid on valminud, katke need fooliumiga ja jätkake küpsetamist.

f) Eemaldage kihid ahjust ja laske enne serveerimist 5 minutit jahtuda.

89. Balsamico virsiku ja brie tart

Mark: 6

KOOSTISOSAD:

- 1 leht külmutatud lehttainast, sulatatud
- ⅓ tassi sidrunibasiiliku pestot
- 1 (8 untsi) rattaga Brie juust, koor peale ja viiludeks
- 2 küpset virsikut õhukesteks viiludeks
- Ekstra neitsioliiviõli
- Koššersool ja värskelt jahvatatud pipar
- 3 untsi õhukeseks viilutatud prosciutto, rebitud
- ¼ tassi balsamico äädikat
- 2 kuni 3 supilusikatäit mett
- Värsked basiilikulehed, serveerimiseks

JUHISED:

90.   Kuumuta ahi temperatuurini 425 ° F. Vooderda äärega küpsetusplaat küpsetuspaberiga.

91.   Rulli lehttainas õrnalt puhtal tööpinnal 1/8-tolliseks paksuseks ja tõsta ettevalmistatud küpsetusplaadile. Torgake kondiitritooted kahvliga läbi, seejärel määrige pesto ühtlaselt taignale, jättes ½-tollise serva. Laota Brie ja virsikud pesto peale ning nirista kergelt üle oliiviõliga. Maitsesta soola ja pipraga ning tõsta peale prosciutto. Puista taigna servad pipraga üle.

92.   Küpseta, kuni küpsetis on kuldne ja prosciutto on krõbe, 25–30 minutit.

93.   Samal ajal vahusta väikeses kausis äädikas ja mesi.

94.   Tõsta tort ahjust, tõsta peale basiilikulehed ja nirista peale mee segu. Lõika tükkideks ja serveeri soojalt.

64. Lihasööja kook

Mark: 6

KOOSTISOSAD:

Braunschweiger
- ¼ naela sea aba- või veisekeelt, lõigatud kuubikuteks
- 10 untsi sea- või veiselihamaksa, kuubikuteks lõigatud
- 2 kõvaks keedetud muna, kooritud
- 6 untsi sealiha seljarasv, kuubikuteks lõigatud
- 1 ½ tl roosat meresoola

Katteks
- 6 viilu prosciutto või Carpaccio
- 6 viilu peekonit

JUHISED:

a) Valmistage see roog 1-2 päeva enne söömist.

b) Lisa köögikombainis seamaks, abatükk ja rasvakuubikud ning töötle korralikult läbi.

c) Vala see vedruvormi pannile. Kata pann fooliumiga nii, et vesi pannile ei satuks. Veenduge, et see oleks tihedalt pakitud.

d) Võtke röstimispann, mis on suurem kui vedruvormi ja valage panni põhja tolli keeva veega.

e) Asetage vedruvorm röstimispannile.

f) Aseta röstimispann koos vedruvormiga ahju umbes 2 tunniks. Enne röstimispanni ahju panemist veenduge, et teie ahi oleks eelsoojendatud temperatuurini 300 ° F.

g) Võta vedruvorm ahjust välja. Tehke pannile 2 süvendit, mis on piisavalt suured, et sinna muna mahuks. Asetage igasse süvendisse üks keedetud muna. Kata munad lusikatäie lihaga.

h) Jahuta ja aseta 1-2 päevaks külmkappi.

i) Aseta peale prosciutto ja peekoniviilud. Serveeri.

95. Sibula ja prosciutto tort

Valmistab: 8 portsjonit

KOOSTISOSAD:

- ½ naela Lehttainast
- 4 suurt sibulat; hakitud
- 3 untsi Prosciutto; kuubikuteks lõigatud
- ½ tl tüümiani
- ½ tl rosmariini
- 2 supilusikatäit oliiviõli
- 12 suurt musta oliivi õlis; aukudega
- Värskelt jahvatatud must pipar
- Vajadusel soola
- 1 muna

Küpseta sibulaid õlis koos ürtidega, kuni sibul on läbipaistev. Lisa prosciutto ja küpseta 3 minutit. Maitsesta pipraga ja kontrolli soola. Jahutage. Rulli tainas 11x9 ristkülikuks. Lõika 4 taignariba ääriste tegemiseks ja suru need ristküliku servadele. Tõsta küpsiseplaadile ja määri servad lahtiklopitud munaga. Jahuta pool tundi. Eelkuumuta ahi 425 kraadini . Määri sibulasegu ettevalmistatud tainale. küpseta 30 minutit. Alanda kuumust 300 kraadini, kaunista tort viilutatud oliividega ja jätka küpsetamist veel 15 minutit.

96. Prosciutto oliivist tomati leib

Valmistamine: 1 portsjon

KOOSTISOSAD:
- 1 naela päts, 1 1/2 naela päts
- 1 tass vett
- 2 spl taimeõli
- ⅓ tassi küpset tomatit
- ⅓ tassi oliive, kivideta Alfonse'i või muid veinis kuivatatud oliive
- ⅓ tassi prosciuttot, tükeldatud
- 2 tl suhkrut
- ½ tl salvei
- 1 tl soola
- ⅓ tassi rukkijahu
- 1½ tassi täistera nisujahu
- 1½ tassi leivajahu
- 1½ tl pärmi

Küpseta vastavalt tootja juhistele.

97. Prosciutto-apelsini popoverid

Valmistab: 6 portsjonit

KOOSTISOSAD:

- 1 tass jahu
- ¼ teelusikatäit soola
- 1 tass piima
- 2 muna; kergelt pekstud
- 1 spl sulatatud margariini
- 2 viilu Prosciutto; eemaldatud lisarasvast; peeneks hakitud
- 1 suur apelsin; peeneks riivitud koor

a) Pange pann ahju ja soojendage 450 kraadini. Eemaldage pann ahjust kohe, kui see on kuum.

b) Sega omavahel jahu ja sool. Klopi juurde piim, munad ja sulatatud margariin, kuni segu on ühtlane. Ärge üle lööge. Sega hulka prosciutto ja apelsinikoor.

c) Vala tainas kuumale pannile ja küpseta eelsoojendatud ahjus 15 minutit. Keera kuumus 350 kraadini ja jätka küpsetamist 15-20 minutit, kuni see on paisunud ja pruunistunud. Ärge kunagi avage ahju ust küpsetusaja jooksul, kuna poognad tühjenevad.

d) Eemaldage ahjust ja laske noaga ümber iga hüpikakna.

e) Eemaldage pannilt ja torgake igaüks noaga läbi.

98. Suhkrustatud Prosciutto

KOOSTISOSAD:

- 3 tassi suhkrut
- 1 1/2 tassi Prosciutto di Parma viile, tükeldatud

JUHISED:

a) Sulata suhkur aeglaselt keskmise suurusega potis, lisa prosciutto ja sega 3 minutit.

b) Laota segu vaha- või küpsetuspaberiga pannile.

c) Lase jahtuda ja murra tükkideks.

99. Mozzarella ja prosciutto kartulikook

Mark: 6

KOOSTISOSAD:

- Mozzarella ja prosciutto kartulikook
- 1/2 tassi (35 g) värsket riivsaia
- 900 grammi kartulit, kooritud
- 1/2 tassi (125 ml) kuuma piima
- 60 grammi võid, kuubikuteks lõigatud
- 2/3 tassi (50 g) riivitud parmesani
- 2 muna
- 1 munakollane
- 1 tass (100 g) riivitud mozzarellat
- 100 grammi prosciutto, tükeldatud
- beebirakett, serveerimiseks

JUHISED:

a) Kuumuta ahi väga kuumaks, 200°C (180°C ventilaatoriga).

b) Määri 20 cm läbimõõduga vorm võiga; puista põhjale üks kolmandik riivsaiast.

c) Keeda kartuleid kastrulis soolaga maitsestatud vees 15 minutit, kuni need on pehmed. Äravool; tagasi pannile 1 minutiks, kuni see kuivab.

d) Püreesta kartulid, lisades piima ja pool võist. Sega juurde parmesan, muna ja munakollane; hooajal.

e) Määri ettevalmistatud pann poole kartuliseguga. Kata mozzarella ja prosciuttoga; kalla peale ülejäänud kartulisegu. Täpike ülejäänud võiga; puista üle ülejäänud riivsaiaga.

f) Küpseta 30 minutit, kuni see on kuldne ja soe; seista kooki 10 minutit. Viiluta ja serveeri koos raketiga.

100. <u>Rohelise Herne Panna Cotta Prosciuttoga</u>

Valmistab: 8-10 portsjonit

KOOSTISOSAD
ROHELINE HERNE PANNA COTTA:
- Küpsetussprei rapsi või muu neutraalse õliga
- 1 spl. agar agari helbed
- 1 väike sellerivars, lõigatud tükkideks
- 2" oksake värsket rosmariini
- 1 loorberileht
- 1/2 tl. terved musta pipraterad
- 1/4 tl. terved pimentmarjad
- 2 oksa lamedalehelist itaalia peterselli
- Lauasool, maitse järgi
- 2 tassi rohelisi herneid
- 1/4 c. raske koor
- 2 spl brie juustu
- Cayenne'i pipar, maitse järgi
- Pipar, maitse järgi
- Kaunistuseks mikro- või sellerirohelised

PROSCIUTTO KIPSID:
- 4 õhukest viilu Prosciutto de Parma

ROHELINE HERNE PANNA COTTA:
a) Kuumuta ahi 400º F-ni nii, et rest on keskel. Vooderda ääristatud ahjuplaat fooliumiga. Kata 12-tassilise minimuffinivormi tassid kergelt küpsetusspreiga ja tõsta kõrvale.

b) Segage väikeses kastrulis 1–3/4 tassi vett, agar-agar, seller, rosmariin, loorberileht, pipraterad, pimentimarjad, petersell ja 1/4 tl lauasoola. Kuumuta kõrgel kuumusel, kraapides aeg-ajalt panni põhja, seejärel alanda kuumust madalaks. Jätkake aeg-ajalt panni põhja kraapimist, kuna agar-agarile meeldib settida, kuni see näib olevat lahustunud, umbes 6–8 minutit.

c) Lisa herned blenderisse ja püreesta. Kurna agar-agar-puljong läbi peene sõelaga segistisse. Lisage rõõsk koor, brie, näputäis või kaks Cayenne'i ja veel vett, et maht oleks veidi üle 2 tassi.

d) Blenderda ühtlaseks massiks, kraapides vajadusel segisti külgi alla. Maitsesta ja maitsesta maitsestamist soola, valge pipra ja soovi korral täiendava Cayenne'iga, sega lühidalt, et täielikult seguneks. Jaotage segu ühtlaselt 12 ettevalmistatud muffinitopsi vahel.

e) Koputage pannile mitu korda, et see settida ja eemaldada tekkinud õhumullid. Tõsta umbes tunniks ajaks kõrvale, et agar-agar tarduks.

f) Serveerimisel tõmmake õhukese noaga ümber panna cotta serva, seejärel tõmmake kõik välja.

PROSCIUTTO KIPSID:

g) Kuumuta ahi 250° F-ni.

h) Lõika 1-tollise ümmarguse lõikuriga prosciutto ringid. Asetage küpsetuspaberiga kaetud pannile ja küpsetage 10–15 minutit, kuni see on krõbe. Varu kaunistuseks.

KOOSTAMINE:

i) Aseta panna cotta alusele.

j) Asetage prosciutto ketas aiolile.

k) Kaunista mikrorohelise või selleriga.

KOKKUVÕTE

Loodame, et see kokaraamat on inspireerinud teid proovima uusi ja loomingulisi viise, kuidas prosciuttot oma toiduvalmistamisel kasutada. Ükskõik, kas võõrustate külalisi, toidate oma perekonda või lihtsalt naudite oma armastust Itaalia köögi vastu, need retseptid rõõmustavad kindlasti teie maitsemeeli ja jätavad teid rahulolevaks. Ärge kartke katsetada erinevate maitsete, koostisosade ja toiduvalmistamistehnikatega – see on prosciuttoga toiduvalmistamise ilu! Ja 100 retsepti hulgast ei saa teil maitsvatest ideedest kunagi puudu. Täname, et liitusite meiega sellel kulinaarsel teekonnal ja soovime teile head kokkamist!